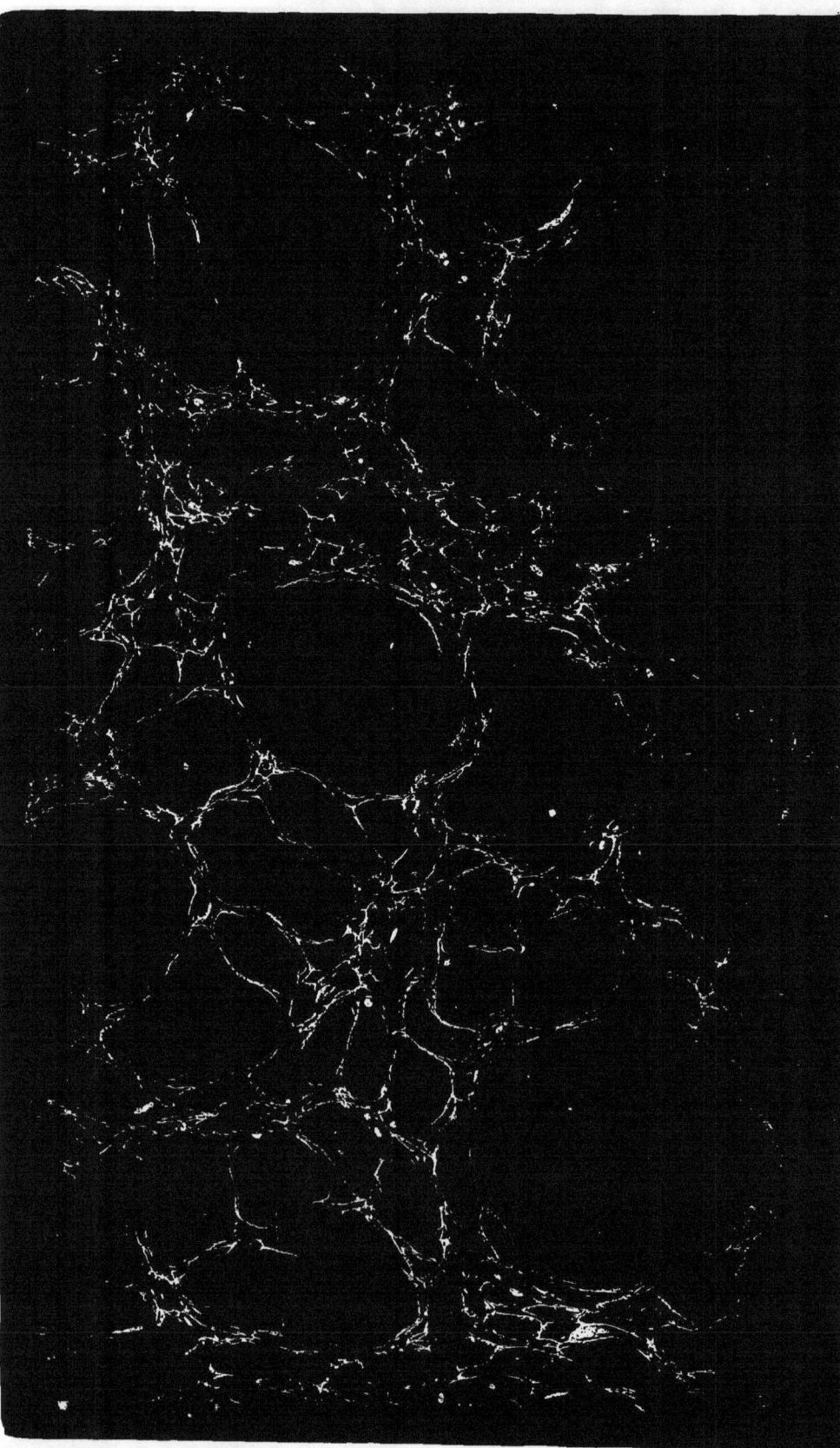

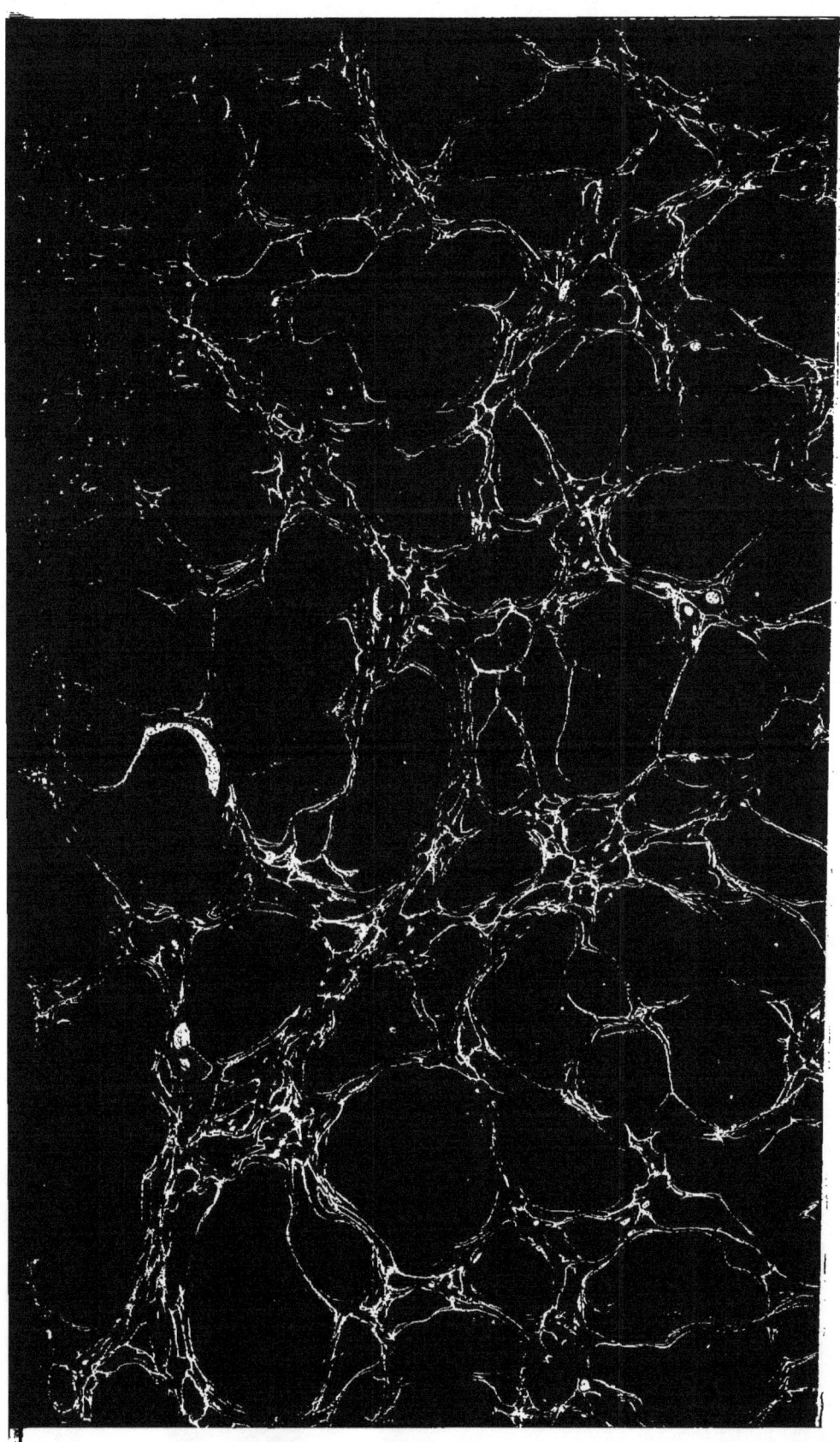

Lib³ 102

HISTOIRE CRITIQUE

DES

EXPLOITS ET VICISSITUDES

DE LA

CAVALERIE.

Paris. Impr. Lacour et Cie, r. St-Hyacinthe-St-M., 33, et r. Souflot, 11.

HISTOIRE CRITIQUE

DES

EXPLOITS ET VICISSITUDES

DE LA

CAVALERIE

PENDANT LES GUERRES DE LA RÉVOLUTION ET DE L'EMPIRE
JUSQU'A L'ARMISTICE DU 4 JUIN 1813.

d'après l'allemand,

PAR

L.-A. UNGER,

Professeur de langue allemande au collége Stanislas.

TOME II.

PARIS,
LIBRAIRIE MILITAIRE, MARITIME ET POLYTECHNIQUE
DE J. CORRÉARD,
LIBRAIRE-ÉDITEUR ET LIBRAIRE-COMMISSIONNAIRE.
Rue Christine, 1.

1849

TABLE DES MATIÈRES.

LIVRE TROISIÈME.

CAMPAGNES DE L'EMPIRE (*suite*).

CHAPITRE I.

Guerre de 1809.	3
Campagne de Bavière.	3

CHAPITRE II.

Bataille d'Aspern et de Wagram.	31
I. Bataille d'Aspern ou d'Esslingen.	31
II. Bataille de Wagram.	45

LIVRE QUATRIÈME.

CAMPAGNES DE L'EMPIRE (*suite*).

Guerre d'Espagne (1808-1813).	61

I. Campagne de 1808.	69
Combat de Somo-Sierra.	77
Retraite des Anglais.	80
II. Campagne de 1809.	83
Bataille de Medellin.	84
Bataille de Talavera.	88
III. Campagne de 1811.	95
Bataille d'Albuhera.	95
Combat d'Usagre.	100
IV. Campagne de 1812.	104
Bataille de Salamanque.	109

LIVRE CINQUIÈME.

CAMPAGNES DE L'EMPIRE (*suite*).

CHAPITRE I.

Expédition de Russie.	119
Formation et marche des armées.	121
Bataille de Borodino ou de la Moskwa.	131
Combat de Taroutinow.	148
Des Cosaques.	152

CHAPITRE II.

Campagne de 1813 jusqu'à l'armistice du 4 juin.	161
Combat de Danigkow.	164

Bataille de Gross-Gœrschen. 168
Combat de Haynau. 192

LIVRE SIXIÈME.

Conclusions. 201

FIN DE LA TABLE.

LIVRE TROISIÈME.

CAMPAGNES DE L'EMPIRE.

(Suite.)

CHAPITRE PREMIER.

Guerre de 1809.

I. Campagne de Bavière.

La guerre de 1809 a été trop bien écrite par des hommes parfaitement compétents, pour qu'il soit nécessaire d'entrer dans autant de détails que nous l'avons fait au chapitre précédent. Nous nous contenterons donc de renvoyer nos lecteurs aux historiens de cette campagne (1), et, revenant à notre première méthode, nous ne nous arrêterons qu'à ce qui intéresse la cavalerie, à ses travaux et à ses succès, à ses revers et à ses exploits.

(1) Au nombre des meilleures relations de cette campagne, il faut mettre les ouvrages des généraux Stutterheim et Valentin.

Au printemps de l'année 1809, lorsque la guerre contre la France fut résolue, l'armée autrichienne, non compris les réserves encore en voie de formation (landwehrs), ni l'insurrection de Hongrie, ni les dépôts des régiments de ligne, se composait de 258 bataillons et 243 escadrons, formant un total de 265,092 hommes, 29,488 chevaux et 791 bouches à feu.

Cette armée était distribuée en 9 corps d'armée et 2 corps de réserve. Les 6 premiers corps et ceux de réserve composaient, sous les ordres de l'archiduc Charles, l'armée principale en Allemagne. Le 7e devait opérer en Pologne, sous les ordres de l'archiduc Ferdinand; le 8e et 9e, commandés par l'archiduc Jean, étaient destinés à agir en Tyrol et en Italie.

Voici quelle était la composition de ces corps :

I. Armée d'Allemagne.

			Bataillons.	Escadrons.
1er corps,	génér.	Bellegarde,	27	16
2e	«	Kollowrath,	27	16
3e	«	prince Hohenzollern,	28	16
4e	«	Rosenberg,	27	16
5e	«	archiduc Louis,	28	16
6e	«	Hiller,	31	24
1er corps de rés.,		prince Lichtenstein,	12	36
2e	«	Kienmayer,	5	24

Total de l'armée d'Allemagne : 185 bat. 164 esc. avec 76 batteries comptant ensemble 518 bouches à feu.

En retranchant de ce total 28 batail. et 10 escad. détachés, il restait en forces disponibles pour les opérations actives 157 batail., 154 escadrons et 518 bouches à feu, ou 175,494 hommes et 18,918 chevaux, dont 112,367 h. et 14,118 chevaux sur l'Inn, 44,200 h. et 4,800 chev. en Bohême.

II. En Pologne.

7⁰ corps, commandé par l'archiduc Ferdinand, se composant de 26 bataillons, 44 escadrons, 14 batteries, ou 30,200 hommes, 5,200 chevaux et 94 bouches à feu.

III. Armée d'Italie et du Tyrol.

8⁰ corps : marquis Chasteler, 20 bataillons, 16 escad.

9⁰ corps : comte Giulay, 30 bat., 28 escad., formant un total de 50 bataillons, 44 escadrons et 20 batteries, ou 52,398 hommes, 5,070 chevaux et 160 bouches à feu.

IV. En Croatie.

6 bataillons, 2 escad. et 14 bouches à feu, ou 7,000 h. et 300 chevaux.

La force totale de l'armée autrichienne, en infanterie, cavalerie et artillerie, se montait donc à plus de 300,000 hommes.

La cavalerie, qui faisait à peine un dixième de cette armée, se composait des corps suivants :

    8 régiments de cuirassiers.
    6 « de dragons.
    6 « de chevau-légers.
   12 « de hussards.
    3 « de houlans.

Total : 35 régiments qui, conformément aux états réglementaires devaient compter, la grosse cavalerie (cuirassiers et dragons), 6 escadrons de 133 chevaux, et la cavalerie légère, 8 escadrons de 149 chevaux, ce qui aurait fait :

11,172 chevaux pour la grosse cavalerie.
25,032 chevaux pour la cavalerie légère.

Ou en tout : 36,204 cavaliers. Mais de ce chiffre il faut défalquer environ 4,000 chevaux pour les cavaliers non encore montés et quelques détachements, de sorte qu'il ne restait réellement sous les drapeaux que 29,488 hommes de cavalerie.

Certainement l'ardeur avec laquelle on avait poussé les armements n'avait pas permis de négliger l'arme de la cavalerie. La Hongrie surtout, ce berceau de la cavalerie légère européenne, se distingua par le zèle que toute la nation mit à fournir et à équiper des troupes de cette arme. L'archiduc primat de Hongrie forma un nouveau régiment de hussards de 1,000 hommes ; le district de Neutra suivit son exemple. En outre l'insurrection hongroise (levée en masse) forma 18 bataillons et 98 escadrons (15,000 chevaux). Enfin, plusieurs magnats ajoutèrent à leurs frais des cinquièmes divisions aux régiments de hussards. Les réserves nationales autrichiennes comptaient en général environ 200,000 hommes d'infanterie et plus de 20,000 cavaliers.

Dans aucun pays de l'Europe la formation d'une nombreuse et bonne cavalerie ne semble devoir rencontrer moins d'obstacles qu'en Hongrie. Il y existe en abondance des chevaux d'une excellente race, particulièrement propres au service de guerre ; la grande majorité de la population mâle se compose de cavaliers exercés, adroits et hardis, sinon parfaits écuyers; certains grands propriétaires, ayant à leur disposition des hommes et des chevaux par milliers, peuvent fournir, de la première main et tout rassemblés, les éléments qu'ailleurs il faut réunir par des répartitions, des fournitures, des réquisitions, des achats, etc.

Malgré toutes ces ressources, l'organisation de cette cavalerie nationale prit un temps si considérable que la résolution prise par la diète dans l'automne de 1808, relativement à l'insurrection, n'était pas encore entièrement exécutée au printemps de 1809; de la sorte, ces troupes ne purent paraître que l'été sur le théâtre de la guerre, et leur arrivée ne changea presque rien à la proportion entre la cavalerie et l'infanterie, qui demeura en général comme 1 à 10.

On est surtout frappé de cette faiblesse proportionnelle de la cavalerie, si l'on se rappelle qu'en 1796 l'armée autrichienne en Allemagne comptait 47,000 chevaux pour 170,000 hommes d'infanterie, c'est-à-dire, moins de 4 fantassins pour un cavalier; qu'en 1799, l'armée de Souabe avait 64,000 hommes d'infanterie et 26 à 27,000 chevaux, c'est-à-dire, que la cavalerie formait plus du quart des forces totales. S'il n'en fut pas de même en 1809, cela vint de ce que la campagne de 1805 avait presque entièrement ruiné le matériel de la cavalerie. Depuis cette époque on avait à la vérité travaillé avec beaucoup d'activité à rétablir, à augmenter, à perfectionner l'armée; mais l'organisation de la cavalerie offrant, comme partout, des difficultés infiniment plus nombreuses et plus grandes que celle de l'infanterie, c'était cette dernière arme qui s'était le plus promptement et le plus complètement refaite.

Un coup d'œil sur les forces dont disposait alors Napoléon nous fera voir que la cavalerie française était cette fois plus nombreuse que dans les guerres précédentes.

En Espagne, il y avait alors, en troupes françaises ou alliées : 269 bataillons, 166 escadrons, ou 160 à 170,000 hommes divisés en 7 corps.

En Allemagne se trouvaient, au printemps 1809 ;

1° L'armée du Rhin, commandée par Davoust, comptant 4 divisions d'infanterie (74 bataillons), 3 divisions de cuirassiers et 1 division de cavalerie légère (86 escadrons). L'escadron de grosse cavalerie étant de 190 chevaux, et celui de cavalerie légère de 144 chevaux, cela formait un total d'environ 45,000 hommes d'infanterie et 16,000 de cavalerie. Ces troupes se dirigeaient de leurs cantonnements de Westphalie et de Franconie sur Ratisbonne, par le Haut Palatinat.

2° Le corps d'Oudinot : 2 divisions d'infanterie et 1 division de cavalerie légère, ou 20 bataillons et 2,000 chevaux, marchant du pays de Hanau vers le Lech.

3° 4 divisions d'infanterie, qui, en marche pour l'Espagne, avaient reçu, à Lyon, l'ordre de revenir en Allemagne. Elles passèrent le Rhin vers le milieu de mars, arrivèrent sur l'Iller vers la fin du même mois, et formèrent, avec les Badois et les Hessois, le corps de Masséna.

4° 1 division d'infanterie (Dupas), venant de Hambourg, et la légion portugaise, formée à Toulouse. Ces troupes formèrent plus tard, avec une partie de l'armée du Rhin, le corps de Lannes.

5° Les troupes de la confédération du Rhin, savoir : Bavarois, 24,000 hommes d'infanterie et 3,000 chevaux ; Saxons, 12,000 hommes et 2,000 chevaux ; Wurtembergeois, Badois et Hessois, 10,000 hommes et 2,000 chevaux.

Toutes ces troupes, présentes en Allemagne, formaient un total d'environ 140,000 hommes d'infanterie et 24,000 cavaliers, dont 140,000 hommes de toutes armes se trouvaient en Bavière au moment où la guerre fut déclarée.

En Italie, les forces françaises étaient d'à peu près 50,000 hommes, y compris dix régiments de cavalerie.

Le 10 avril, l'armée principale autrichienne (3e, 4e, 5e, 6e corps et réserve) franchit l'Inn et se porta vers l'Isar ; le même jour, les deux corps qui étaient en Bohême, sous les ordres du général Bellegarde, passèrent la frontière et marchèrent vers la Naab.

Le 16 avril, les Autrichiens (5e corps) traversèrent l'Isar à Landshut, après un engagement sans importance. Le général Jellachich arriva à Munich avec 8 bataillons et 8 escadrons du 6e corps, et ne trouva point d'ennemis devant lui ; il négligea de pousser sa cavalerie du côté d'Augsbourg et de Pfaffenhofen, pour tâcher de découvrir l'ennemi. On eût appris de cette manière, chose importante et qui sans doute aurait fait abandonner l'idée d'opérer contre l'armée française sur la rive gauche du Danube, que cette armée s'avançait par la rive droite. On ne fit pas non plus poursuivre les Bavarois qui se retiraient de Landshut sur l'Abens ; on se contenta de les faire observer par de petites avant-gardes qui, comme toutes les patrouilles trop faibles, apprirent seulement les lieux où quelque corps ennemi pouvait se trouver, sans être capables de se procurer des renseignements complets et satisfaisants.

Toutefois ces faibles détachements firent de leur mieux. Le 18, un parti autrichien, de 2 escadrons et 3 compagnies de Croates, commandé par le major Scheibler, arriva à Pfaffenhofen au moment où une division de Bavarois en partait pour Geissenfeld ; dans la nuit, on intercepta un courrier du maréchal Lefèvre, portant à Davoust l'avis que le maréchal se proposait de l'appuyer avec le corps bavarois et d'occuper une partie des forces de l'ennemi. L'archiduc apprit ainsi que Davoust était encore près de Ratisbonne.

Le 19, le 3e et le 4e corps, renforcés de 12 bataillons de grenadiers du 2e corps de réserve, et le 1er corps de réserve, en tout 61 bataillons et 66 escadrons, se mirent en marche pour aller attaquer Davoust, pendant que le 5e corps tenait tête au Bavarois, près de Siegenbourg, où le 6e corps devait également se porter de Mosbourg par Pfaffenhofen.

Voici quelle était, à cette époque, la position de l'ennemi.

Davoust, avec 44,000 hommes était à Ratisbonne, Lefèvre avec 27,000 hommes derrière l'Abens, et la division de cuirassiers de Nansouty, forte de 3,000 hommes, à Neustadt, où les Wurtembergeois arrivèrent le 19. Le corps d'Oudinot partait d'Augsbourg ; celui de Masséna y arrivait.

Ainsi donc, le 19 avril, 92,000 Autrichiens avaient devant eux, entre Siegenbourg et Rohr, environ 70,000 hommes, dont 44,000 à Ratisbonne et 27,000 à Neustadt et à Abensberg.

L'espoir qu'on avait conçu au commencement de la campagne et qui servait de base à tout le plan d'opération, semblait se réaliser en ce moment où l'occasion s'offrait en effet d'attaquer et de vaincre isolément les forces ennemies disséminées en Allemagne, avant que Napoléon eût le temps de réunir une armée nombreuse. Puisqu'on posait en principe que les défilés du Danube sont les clefs de l'Allemagne méridionale, pouvait-on sanctionner ce principe d'une manière plus brillante qu'en jetant dans ces défilés 44,000 Français et en les y détruisant? Mais on n'en fit rien. Davoust, protégé par deux divisions qui soutinrent à Hausen un combat meurtrier, sut se retirer du demi-cercle que le Danube décrit à Ratisbonne, et se porta sur Abbach, Hausen et Ober-Saal. L'autre moitié de son corps se réunit sur l'Abens au maréchal Lannes, de sorte que le 20, Davoust avait 27,000 hommes dans les positions atteintes la veille, Napoléon en personne, sur l'Abens, 60,000 h., Masséna et Oudinot 43,000 hommes à Pfaffenhofen.

Pour juger les actes militaires d'un chef, comme pour apprécier en général les actions d'autrui, il est nécessaire de se transporter par la pensée dans la situation des personnages, de chercher à gagner le point de vue sous lequel ils ont envisagé les choses. Il ne faut pas oublier non plus cette vérité devenue proverbiale, qu'il est beaucoup plus facile de juger les évènements après coup, lorsqu'un examen consciencieux et une connaissance complète des circonstances permettent de reconnaître sans peine ce qu'il eût été convenable et utile de faire, que de prendre les mesures les plus avantageuses sur les avis partiels, sur les rapports imparfaits et les renseignements erronés ou falsifiés à dessein, qui trop souvent sont la seule base des appréciations d'un général. La stratégie moderne, l'augmentation numérique des armées, la mobilité actuelle de l'infanterie, l'emploi des tirailleurs dans les terrains accidentés, ont certainement augmenté de beaucoup ces difficultés en comparaison des guerres d'autrefois où il était beaucoup plus aisé de savoir ce que l'ennemi faisait, quelle était sa force, où il se trouvait, etc. Si donc jadis, et même encore dans le cours de la guerre de sept ans, il arrivait quelquefois que l'un des deux partis fût trompé, induit en erreur et pris à l'improviste, comme par exemple Frédédic II à Hochkirch, il est évident que les situations de ce genre doivent être beaucoup plus fréquentes dans l'ordre de choses qu'ont créé les guerres modernes. Après cette observation nous aimons à croire qu'on ne nous accusera pas de nous prétendre plus sage et mieux instruit que les hommes dont nous examinons les opérations. D'ailleurs, il n'y a pas besoin pour juger après l'événement et à tête reposée les actes d'un autre, d'en savoir beaucoup plus long que lui, surtout si l'on veut se borner à dire qu'une chose eût dû être faite autrement qu'elle ne le fut, sans indiquer soi-même comment il aurait fallu agir. Cette vérité est surtout incontestable, appliquée aux opérations militaires, celui qui les juge partant souvent de données toutes différentes que celui qui les a accomplies, et qui n'avait peut-être aucune des notions exactes, vraies et complètes à l'aide desquelles le critique arrive à une appréciation plus juste que l'acteur. Une question bien autrement féconde et instructive est celle de savoir ce qu'il eût été convenable de faire pour avoir une connaissance réelle et suffisante des choses, avant le moment où l'on se trouverait dans la nécessité d'agir. Une réponse complète à cette question, si intéressante pour l'art militaire de tous les temps, à part cette difficile science de pénétrer d'un œil intelligent les desseins de son adversaire en appréciant avec justesse la situation des deux partis, nous conduirait à un traité en règle de tout ce qui est propre à procurer des renseignements sur la position, les mouvements, la force et les ressources de l'ennemi, et nous mènerait évidemment fort loin de notre objet tout spécial. Mais une remarque qui rentre dans notre cadre, c'est qu'aujourd'hui plus que jamais la cavalerie légère doit être chargée de cette mission, et que, par conséquent, il convient d'appeler particulièrement sur cette partie des opérations militaires l'attention des chefs de cette arme. Dans beaucoup de cas, il est évidemment indispensable d'expédier de forts détachements avec des missions de ce genre, afin que les commandants aient la faculté de pousser assez loin en avant, qu'ils puissent en cas de besoin livrer même un combat, et, si les circonstances le commandent, envoyer à leur tour des détachements et de nombreuses patrouilles sans risquer d'être aussitôt accablés, détruits ou chassés sans avoir rien pu faire ni rien apprendre.

Dans le cas qui nous occupe, si, dès le passage de l'Isar on eût détaché en avant une division de cavalerie légère, ou mieux encore un corps de cavalerie, les chefs d'un détachement de cette consistance auraient probablement éclairé le général en chef par d'excellents renseignements sur ce qui se passait sur le Lech et le Danube. L'état du temps et des chemins, qui fut assurément un obstacle pour la marche de l'armée autrichienne, aurait été une excuse inadmissible pour de la cavalerie légère. Au lieu de cela l'avantgarde autrichienne n'avait que de faibles têtes de corps dont la faiblesse même explique parfaitement comment elles furent incapables de rien apprendre de ce qui se faisait en dehors du voisinage immédiat de leur corps.

Un corps de cavalerie chargé d'une mission aussi importante ne doit pas rester collé à l'infanterie ; car, chargé de lui servir d'éclaireur, il doit, au contraire, se porter à une bonne distance en avant. Il ne doit pas davantage se tenir toujours aggloméré en un paquet, car son but est de porter la vue de différents côtés. Il peut et il doit disperser ses détachements dans plusieurs directions, afin que ce que l'un ne voit pas n'échappe pas à l'autre. Quant à se battre, ce n'est point alors un but, mais seulement un moyen. La prudence et la rapidité des mouvements doivent venir en aide à l'audace, et rendre une pareille mission beaucoup moins périlleuse qu'elle ne le paraît au premier coup d'œil. Un officier qui a près de lui quelques hommes résolus et sûrs, un hussard qui tient entre ses jambes un bon cheval, ne doivent nulle part se trouver trop exposés. Ne sait-on pas d'ailleurs que l'indépendance, la mobilité et l'activité des situations de ce genre ont pour un esprit belliqueux des charmes si puissants, que ces *enfants perdus* préfèrent le plus souvent les dangers et les fatigues de leur vie errante à la monotonie fastidieuse qui accable leurs camarades des réserves. En employant ainsi les troupes légères, on parvient à établir une relation utile entre les opérations de la grande guerre et les entreprises de la petite qui, sans cela, ne mènent à rien.

La méthode de répandre en avant de l'armée de la cavalerie légère, tout en ayant l'important résultat de ne point perdre l'ennemi de vue, préserve en même temps de la fatale nécessité d'étendre et de disloquer l'armée elle-même, de faire servir un corps à couvrir le flanc d'un centre, un 3ᵉ à en appuyer un 4ᵉ, un 5ᵉ à maintenir les communications entre les deux autres, un 6ᵉ à observer tel ou tel point, un 7ᵉ à occuper tel détachement ennemi, de sorte qu'il n'en reste plus pour l'affaire essentielle, et qu'une armée de 180,000 hommes, pour la défaite d'une division de 10,000 hommes, se trouve jetée dans la défensive et est obligée de céder 50 lieues de terrain devant une armée ennemie inférieure en nombre. Une bonne armée de 100,000 hommes, concentrée en masse et en bon ordre, n'a rien à craindre que de rencontrer une armée ennemie de même force, et pour n'en être pas surprise d'un côté, pendant qu'elle est occupée peut-être dans une autre direction, elle serait mieux gardée certainement par un détachement de 2 à 3,000 chevaux que par une demi-douzaine de divisions détachées, composées de troupes de toutes armes. Une armée bien concentrée, en mettant les choses au pire, est sûre au moins de n'être pas vaincue avant d'avoir mis en jeu toutes ses forces pour disputer la victoire; une armée divisée, au contraire, se persuade beaucoup plus facilement qu'on ne croit qu'elle est vaincue, lorsqu'elle n'a dans le fait essuyé qu'une perte insignifiante en soi. Nous ne prétendons nullement nier les avantages que la division d'une nombreuse armée en corps composés de toutes armes donne à un chef habile; mais nous ne pouvons nous empêcher non plus de faire remarquer que cette division conduit trop facilement à un morcellement de forces qu'on trouverait certainement absurde, si l'on n'avait cette excuse que fournit la commodité d'une distribution bien entendue des troupes.

Dans les affaires de Hausen, de Denzlingen et d'Arnhofen, le 19 avril, la cavalerie eut peu de part au combat. A Hausen, la nature des localités l'en empêcha; à Denzlingen le régiment de hussards Stipsicz chargea et culbuta la brigade Pagot; à Arnhofen, le régiment de dragons Lœwenehr soutint un combat glorieux contre la cavalerie bavaroise, mais il fut obligé de suivre la retraite du détachement du général Thierry sur Offenstedten. Le gros de la cavalerie autrichienne (44 escadrons) était avec la colonne du prince de Lichtenstein, qui marchait sur Eglofsheim et ne vit pas un soldat ennemi ce jour-là.

Le 20, le général Hiller prit le commandement des trois corps qui formaient la gauche de l'armée autrichienne, et composaient ensemble une armée de 44 bataillons et 38 escadrons. Ces troupes étaient disséminées sur une distance de plus de 6 lieues : le 5ᵉ corps avec sa réserve avait 7 bataillons et 12 escadrons à Siegenbourg; 11 bataillons et 1 escadron à Bibourg; 3 bataillons et 5 escadrons à Bibourg; 3 bataillons et 5 escadrons à Offenstetten; 4 escadrons à Rohr; 8 bataillons et 8 escadrons à Munich; le 6ᵉ corps avait 19 bataillons et 9 escadrons à Pfauffenhausen, son avant-garde, 4 bataillons et 7 escadrons, sur l'Amper, entre Zollingen et Pfaffenhofen.

Dans la matinée, Napoléon reconnut du haut des collines d'Abensberg la position des Autrichiens. Quoique empêché par le terrain de tout saisir en détail et exactement, il était au moins certain, grâce aux 60,000 hommes réunis auprès de lui, d'atteindre le premier terme de ses opérations, le point de Rohr, et presque certain également d'atteindre son premier but, c'est-à-dire de disloquer l'armée autrichienne.

Une division bavaroise resta à Siegenbourg, devant l'archiduc Louis.

Une division (les Wurtembergeois) se porta sur Bruchhof.

Les deux autres divisions bavaroises marchèrent sur Kirchdorf et Offenstedten.

Le maréchal Lannes avec 2 divisions d'infanterie française et la division de cuirassiers de Nansouty marcha sur Rohr par Bachel.

Le faible détachement du général Thierry à Offenstetten n'avait plus d'autre parti à prendre que de se retirer devant des forces si supérieures. Favorisée d'abord par un terrain boisé, cette retraite se fit jusqu'à Rohr sans pertes notables; mais sur ce point l'avant-garde de Lannes, composée de 3 régiments de cavalerie et de quelques bataillons, arriva en même temps que les Autrichiens; 8 escadrons (4 de dragons et 4 de hussards) se portèrent au-devant des Français, chargèrent les têtes ennemies et les refoulèrent. Leurs attaques auraient sauvé le détachement si les Français n'avaient eu là qu'une petite troupe de cavalerie; mais comme ils avaient à l'avant-garde trois régiments entiers, un régiment qui n'avait pas encore été engagé, fondit sur le flanc des Autrichiens. Les escadrons qui d'abord avaient été ramenés s'étant reformés en même temps, une charge générale culbuta la cavalerie autrichienne; les cuirassiers français, ayant rompu l'infanterie pêle-mêle avec les cavaliers autrichiens, les poursuivirent jusqu'à Rothenbourg sur la Laber où ils s'arrêtèrent enfin sous la protection d'un régiment de cavalerie du 6ᵉ corps. Quatre mille prisonniers et quatre bouches à feu tombèrent au pouvoir des Français. En outre, ce combat leur valut l'avantage de séparer dès-lors complétement l'archiduc Louis de l'archiduc Charles, d'établir la communication directe entre le corps de Davoust et l'Empereur, et de couper l'armée autrichienne en deux tronçons, menacés l'un et l'autre par le gros de l'armée française placée entre eux deux.

La retraite du général Hiller et de l'archiduc Louis sur Landshut, ainsi que celle du 3ᵉ corps sur la Laber, n'offrant aucun épisode important pour l'histoire de la cavalerie, nous passons ces mouvements sous silence.

Le corps du prince Lichtenstein, dont faisait partie la cavalerie de réserve autrichienne, prit Ratisbonne par capitulation. Le 1ᵉʳ et le 2ᵉ corps restèrent constamment sur la rive gauche du Danube. L'armée française avait sa droite, sous Oudinot et Masséna, à Pfaffenhofen, son avant-garde marchant sur Freising et Moosbourg; Davoust qui formait la gauche, était entre Abbach et Hausen; le centre, formé par Lannes, Lefèvre et Vandamme, se trouvait entre Rothenbourg et Pfaffenhofen; la cavalerie était réunie en un seul corps sous les ordres de Bessières.

Le 21, Napoléon s'avança à la tête de ces troupes, en deux colonnes, sur Landshut, par Pfaffenhofen et Rothenbourg, et refoula Hiller au-delà de l'Isar, en lui enlevant 25 bouches à feu et lui faisant perdre 5,000 hommes, tués ou prisonniers. La cavalerie de Bessières poussa vivement celle des Autrichiens jusqu'au faubourg de Seligenthal, et culbuta l'arrière-garde. La ville ayant été enlevée par l'infanterie, Bessières poursuivit les Autrichiens jusqu'à Giesenhausen avec deux divisions d'infanterie, 2 régiments de chasseurs et les chevau-légers de Darmstadt. Le gros de la cavalerie resta sur la rive gauche de l'Isar, Napoléon voulant alors employer ses cuirassiers contre l'archiduc Charles, qu'il se proposait de refouler sur le Danube.

Dans cette même journée du 21, pendant que Napoléon rejetait sur Landshut le général Hiller, le corps de Davoust et 2 divisions de Bavarois commandées par Lefèvre, en tout environ 27,000 hommes d'infanterie et 5,000 chevaux, livrèrent un combat à une partie du 3e et du 4e corps de l'armée autrichienne, près d'Unter-Leuchling et de Schierling. La cavalerie française, très supérieure en nombre, ne prit point part à cet engagement. Le 4e corps autrichien, fort de 16,000 hommes seulement sur ce champ de bataille, se maintint dans sa position, et ce combat n'eut d'autre importance pour les Français que d'empêcher l'archiduc d'entreprendre une attaque dès le lendemain matin.

Le 2e corps ayant été rappelé sur la rive gauche du Danube, l'armée de l'archiduc s'éleva à 78 bataillons et 86 escadrons (72,000 hommes dont 8,400 à cheval); ces derniers, en majeure partie, n'avaient pas encore été au feu.

Napoléon, après avoir chargé Bessières de poursuivre Hiller, et ordonné à Oudinot de rester à Landshut avec son corps, partit lui-même le 22 au matin de Landshut pour Eckmühl, à la tête des cuirassiers de Nansouty, des corps de Lannes et de Masséna et des Wurtembergeois commandés par Vandamme. Cette armée arriva aux environs d'Eckmühl vers deux heures de l'après-midi; toute la cavalerie (10 régiments français, 3 bavarois et 4 wurtembergeois) se porta près de Schierling, en face du 4e corps autrichien qui, pour couvrir la route de Ratisbonne, était demeuré derrière Leuchling et Eckmühl, pendant que l'archiduc, avec le 2e et le 3e corps, se portait en trois colonnes sur Abbach, Weichenloé et Lukepoint, pour y attaquer l'ennemi; la réserve, de 12 bataillons et 36 escadrons, restait à Kœffering et à Thalmassing.

Si ce projet d'attaque avait été exécuté dès le matin et du côté d'Eckmühl, l'opération de Napoléon eût pu encore échouer. Mais, au lieu de cela, le gros de l'armée fut encore retiré cette fois du point où l'ennemi avait ses forces principales qui n'y rencontrèrent qu'un corps beaucoup trop faible et, partant, une victoire assurée.

Le terrain entre Eckmühl, Schierling et Leuchling n'est rien moins qu'avantageux pour l'action d'un nombreux corps de cavalerie, comme l'avaient amené les Français. Les hauteurs et les bois proche de Leuchling rendaient très difficile une attaque de front, de même que toute manœuvre pour tourner les Autrichiens ; à droite les bois s'étendent jusque tout près des bords de la Laber, à gauche, le bois dit le *Hohe-Wald,* se lie aux forêts qui se prolongent jusque vers Abbach sur le Danube. Il fallait donc, quelque favorable que l'ensemble des choses fût pour les Français, que leur cavalerie attendît l'arrivée et les attaques de leur infanterie, avant de pouvoir tenter un coup décisif.

La première tentative des Français fut dirigée contre les batteries autrichiennes des hauteurs d'Eckmühl ; mais ces attaques, quoique plusieurs fois renouvelées, échouèrent, soit à cause des ravages que faisait le feu de cette artillerie, soit parce que la cavalerie autrichienne la protégeait par des charges vigoureuses. Sur ces entrefaites l'infanterie de Lannes et de Davoust pénétra dans les bois sur les deux ailes et en chassa l'infanterie autrichienne après une vive fusillade. Les tirailleurs français qui suivirent les Autrichiens sur le terrain découvert au-delà du bois, entre Leuchling et la route de Ratisbonne, furent repoussés par une charge de 4 escadrons du régiment Vincent, et l'infanterie autrichienne reprit le bois. Cet avantage, toutefois, ne fut pas de longue durée ; mais il fit gagner du temps dans un moment où chaque minute était précieuse : il est probable, en effet, que sans ce succès momentané toute l'artillerie eût été perdue, et que le corps aurait essuyé un désastre complet. En même temps les chevau-légers et les hussards autrichiens avaient repoussé quelques régiments de cavalerie bavarois et wurtembergeois; quatre escadrons du régiment Stipsitz, placés en réserve, s'engagèrent également dans cette rencontre; mais les Français ayant fait soutenir la cavalerie battue par quelques régiments frais, ceux-ci renouvelèrent l'attaque, culbutèrent complètement les 2 régiments autrichiens, enlevèrent 12 pièces de canon et poursuivirent les Autrichiens jusque sur la lisière du bois près la ferme de Hœheberg, où les fuyards se rallièrent sous la protection d'une batterie, pour continuer ensuite leur retraite vers Eglofsheim, favorisés par les bois qui empêchèrent les Français de poursuivre avec vigueur. Douze escadrons de la division de cuirassiers et une partie du régiment de hussards de Ferdinand étant arrivés à Eglofsheim, il y avait en ce moment 30 escadrons réunis sur ce point; mais ces troupes ayant déjà essuyé beaucoup de pertes, excepté les cuirassiers, le tout ne s'élevait guère à plus de 2,000 chevaux. Ils se formèrent sur deux lignes; plusieurs batteries, déployées devant les troupes, devaient arrêter la cavalerie ennemie venant de Hagerstadt et de Galsbach. Il était 7 heures du soir lorsque la cavalerie des Français se déploya devant le bois et fit avancer son artillerie.

Les divisions de cuirassiers Saint-Sulpice et Nansouty se formèrent en masses avec intervalles vis-à-vis des cuirassiers autrichiens; à leur droite, la cavalerie légère s'étendit jusqu'à la route de Straubing; un corps de cavalerie bavaroise et wurtembergeoise était en réserve.

Il n'est pas nécessaire de démontrer que les deux brigades autrichiennes se trouvaient alors dans une situation des plus critiques. Une prompte retraite les eût sauvées peut-être ; mais elles livraient à l'ennemi la route de Ratisbonne, et compromettaient l'armée entière. Une attaque laissait peu d'espoir de succès contre un ennemi aussi supérieur. Rester en place et attendre, c'était évidemment être attaqué et culbuté.

« Au lieu de tenir la cavalerie autrichienne concentrée
» et d'imposer à l'ennemi en faisant bonne contenance,
» au lieu de chercher à gagner du temps et, s'il était pos-
» sible, l'entrée de la nuit (le jour baissait déjà), on or-
» donna au régiment Gottesheim de charger la première
» des masses ennemies, qui, après s'être d'abord avancée,
» avait fait halte. »

Cette critique du général Stutterheim semble contredire, le principe tactique si souvent cité, que la cavalerie ne doit pas se laisser charger la première ; aussi croyons-nous à propos de dire quelques mots sur ce fait et sur le jugement qu'on en a porté.

D'abord, en jetant les yeux sur la carte, on voit que la cavalerie autrichienne aurait été beaucoup mieux placée derrière le défilé du ruisseau à Kœffering, que devant ce défilé à Eglofsheim, puisqu'une fois elle ne pouvait plus prétendre de repousser l'ennemi au-delà d'Eckmühl, et qu'il ne s'agissait plus que de l'empêcher de pousser sur Ratisbonne et de continuer à poursuivre le 4e corps. Maintenant, pouvait-on se retirer jusque sur ce point sans trop compromettre le reste du 4e corps? La position de la cavalerie autrichienne était-elle choisie à dessein ou imposée par la force des circonstances? Ce sont là deux questions qu'un témoin oculaire suffisamment instruit pourrait seul résoudre. C'est ici un de ces cas nombreux où il faut distinguer avec soin ce qui est simplement la critique d'un fait, cité comme exemple instructif, de ce qui serait un blâme personnel adressé aux acteurs de l'évènement et aux mesures qu'ils ont pu prendre.

La position, bonne ou mauvaise, choisie ou forcée, une fois prise comme nous l'avons expliqué, le seul espoir raisonnable qu'il fût permis de conserver était de tenir jusqu'à l'entrée de la nuit. Ce sera toujours une chose très difficile, malgré les exemples qu'on pourrait citer, de faire cesser à son gré un combat engagé contre une cavalerie ennemie, supérieure et éprouvée, si l'on n'est favorisé par quelque avantage de terrain ou par les ombres de la nuit, qui voilent la vue de l'ennemi et arrêtent le glaive prêt à frapper. Ici, les généraux autrichiens n'étaient nullement les maîtres de faire cesser le combat, et s'ils essayèrent une attaque qui échoua, comme il n'était que trop présumable, on ne peut le leur imputer à faute qu'en démontrant que par un autre moyen on eût amené probablement un meilleur résultat. Aussi n'est-ce pas là le fond de l'idée du général Stutterheim, dans le passage cité; ce qu'il blâme surtout, c'est qu'on ait fait charger un régiment et qu'on ait ainsi provoqué, en quelque sorte, l'ennemi par un appel imprudent, tandis qu'il se fût peut-être tenu tranquille sans cela, se contentant des avantages qu'il avait jusqu'alors remportés. Aurait-il agi ainsi? C'est ce qu'on ne peut nier ni affirmer. En tout cas nous pensons, comme Stutterheim, que la faible troupe autrichienne, par son attaque partielle, rendit sa défaite plus inévitable. Il fallait s'efforcer de contenir les masses ennemies par le feu de l'artillerie ; mais, si l'attaque était inévitable, il fallait faire donner, non pas un seul régiment, mais les deux régiments de cuirassiers à la fois, soutenus par la cavalerie légère déjà affaiblie, l'audace et la valeur pouvant seules détourner le danger d'un désastre complet.

L'attaque du régiment de cuirassiers Gottesheim fut reçue par les cuirassiers français avec une décharge de carabines; en même temps, deux autres régiments prirent le régiment autrichien en flanc des deux côtés (1). Il fut culbuté, ainsi que les autres régiments qui chargèrent l'un après l'autre ; la cavalerie française les poursuivit vivement jusqu'au-delà du ruisseau près Kœffering. De l'autre côté du défilé, les Français tombèrent encore sur un bataillon de grenadiers, dont ils sabrèrent plus de 200 hommes. La mêlée, où beaucoup d'hommes furent sabrés de part et d'autre, dura jusque vers Ober-Traubling, où une charge du régiment Albert cuirassiers, du corps de Lichtenstein, mit fin à la poursuite des Français. Les Autrichiens perdirent dans cette journée 6,000 hommes et 16 pièces de canon.

Les troupes, à la tête desquelles l'archiduc Charles avait marché sur Abbach, Weichenloé et Lukepoint, revinrent

---

(1) Ceci prouve que si les Français se montrèrent d'abord groupés en masse, ce ne fut que pour entamer le combat; mais qu'une fois celui-ci engagé, ils se gardèrent bien de conserver cet ordre, ce qui aurait été le moyen le plus sûr de paralyser leur supériorité numérique, et de rétablir une sorte d'équilibre entre un régiment qui attaque et une demi-douzaine qui se laissent charger successivement. La supériorité réelle n'est pas dans le nombre des hommes *présents*, mais dans celui des *combattants*.

sur leurs pas du côté de Ratisbonne. Dans la nuit du 22 au 23, l'archiduc eut son quartier-général à Ratisbonne. Napoléon avait le sien à Eglofsheim; ses cuirassiers étaient à Kœffering; toute la cavalerie s'étendait jusque sur la route de Ratisbonne à Straubing. Si l'on considère que la plupart de ses troupes arrivaient ce jour-là même de Landshut et avaient dû livrer encore dans l'après-midi un combat sérieux, on conçoit parfaitement que l'Empereur s'en tint là le 22. Mais s'il fût arrivé sur le même point à midi et sans avoir fait une aussi longue marche, il n'est pas douteux que cette journée eût fourni un pendant de celle de Friedland, et que la cavalerie française eût exécuté très probablement ce qu'elle ne put faire plus tard, à Aspern.

Le lendemain, 23 avril, l'armée autrichienne passa le Danube, soit sur le pont de pierre de Ratisbonne, soit sur un pont de pontons, jeté dans la nuit sur le fleuve à Weichs, au-dessous de la ville, mais terminé seulement le matin et dont on n'avait pas eu le temps de défendre les abords par des retranchements. La cavalerie du deuxième corps reçut l'ordre de relever celle du 4e, qui était restée durant la nuit près de Traubling et du côté de Kœffering. Une brigade de cuirassiers et le régiment Klenau, qui venait d'Abbach, se rangèrent dans la plaine de Ratisbonne, entre les routes d'Abbach et de Straubing. Il y avait donc sur la rive droite du Danube environ quarante escadrons, chargés de la difficile mission d'empêcher un ennemi supérieur et victorieux de s'approcher tant de la ville que du pont de pontons. Les portes de Ratisbonne étaient barricadées, sauf celle qui conduit à Abbach; 6 bataillons occupaient la ville et 1 bataillon le village de Burgweinting, pour soutenir quelque peu la cavalerie.

Entre 8 et 9 heures la cavalerie française quitta son camp de Kœffering, s'avança par Unter-Traubling et Ainthal, et culbuta les 6 escadrons de houlans Meerfeld, qui venaient de relever les hussards du 4ᵉ corps. Ceux-ci reçurent les houlans entre Burgweinting et Ober-Traubling; mais ils durent également céder le terrain à la division de cuirassiers de Nansouty, qui avait engagé le combat et était suivie du reste de la cavalerie La cavalerie légère du général Montbrun arrivait également sur Ratisbonne du côté d'Abbach.

Le régiment Hohenzollern cuirassiers chargea les cuirassiers français et les obligea à se retirer; à peine ceux-ci se furent-ils réunis, que le régiment Kronprinz cuirassiers tomba sur leur flanc droit, et arrêta ainsi les progrès de la division Nansouty. Si les Français se fussent aperçus que les Autrichiens défilaient en aval de la ville sur un pont découvert et sans défense, ils auraient certainement dirigé de ce côté leurs attaques principales; au lieu de cela, leur cavalerie s'étendit sur la gauche. L'infanterie était encore en arrière; celle de Lannes arriva la première et prit position entre Burgweinting et la route de Straubing. Mais à ce moment, l'infanterie et l'artillerie autrichiennes avaient achevé de passer, et leur brave cavalerie avait réussi jusque-là, par des charges réitérées pendant 3 heures et qui coûtèrent à l'un et à l'autre parti plus de 1,000 hommes, à contenir, à arrêter un ennemi supérieur et à s'acquitter glorieusement de sa périlleuse mission. Vers midi les derniers escadrons se repliaient à Ratisbonne, sous la protection de quelques compagnies d'infanterie placées devant la porte de la ville. Le bataillon posté à Burgweinting, n'ayant pu rejoindre l'armée, fut obligé de se rendre.

La courageuse résistance de la cavalerie autrichienne devant Ratisbonne rendit sans aucun doute à toute l'armée le service le plus éminent. Si les Français avaient pu s'emparer du pont de pontons, ou pénétrer dans la ville avec les Autrichiens, ceux-ci auraient éprouvé des pertes immenses, et peut-être s'en fût-il suivi pour eux une défaite totale sur la rive gauche du Danube. N'est-on pas autorisé à croire que ces troupes, dont personne ne contestera le courage, auraient eu de tout autres succès si on avait su les placer dans des conditions plus favorables?

La cavalerie française n'ayant rien fait ce jour de majeur, malgré sa grande supériorité numérique, resta certainement au-dessous de ce qu'on était en droit d'attendre d'elle. Probablement Murat, s'il eût été présent, aurait mieux saisi ce qu'il y avait à faire et obtenu des résultats plus sérieux. Bessières, chargé du commandement en chef de la cavalerie, était, comme on sait, à la poursuite de Hiller. Dans les relations françaises, il est impossible de démêler quel était le véritable commandant de la cavalerie devant Ratisbonne(1). L'arrivée tardive de l'infanterie s'explique, quand on songe que la veille elle était venue de Landshut et qu'il fallut sans doute un certain temps pour faire suivre des vivres et des munitions de guerre.

Une des causes principales qui empêchèrent l'archiduc d'accepter la bataille le 23, sous les murs de Ratisbonne, fut qu'il se trouvait trop faible en cavalerie. A juger

---

(1) Sur la fin, Napoléon était lui-même présent. Ce fut dans cette affaire qu'il reçut au pied une légère contusion.

d'après l'état des choses, tel qu'il se présentait le matin de ce jour, il était effectivement à craindre que la bataille, livrée dans de pareilles conditions, ne prît une tournure désastreuse pour l'Autriche, dont l'armée et l'empire auraient fort bien pu, pour nous servir d'une expression de l'Empereur, *être noyés dans le Danube*. L'archiduc eut donc parfaitement raison de ne pas risquer un semblable coup de dés; il eut raison aussi de faire passer le fleuve par son artillerie, et de charger sa cavalerie de contenir l'ennemi : c'était dans la nature et l'esprit de cette arme. Le moment où on laissa échapper l'occasion de vaincre a été assez hautement désigné par l'histoire de cette campagne fameuse, commencée au milieu de si vives espérances et complètement manquée en cinq jours.

Nous allons maintenant laisser cette armée à Ratisbonne, pour la retrouver plus tard dans les champs d'Aspern.

L'armée d'Italie, sous les ordres de l'archiduc Jean, avait pénétré dans le Frioul sans rencontrer de résistance sérieuse, s'était ensuite concentrée à Udine, et avait franchi le Tagliamento. Le 15 avril, sa cavalerie eut un engagement remarquable avec l'arrière-garde des Français, composée d'un régiment de hussards et d'un régiment d'infanterie. On tira un bon parti de la supériorité de la cavalerie autrichienne, pour couper la retraite aux Français, et les entraîner au combat malgré eux, un escadron de hussards ayant attaqué le village de Rorai-Grande. Forcés de s'arrêter, les Français furent rompus après une vigoureuse défense et perdirent 1,800 prisonniers et 4 bouches à feu.

A la bataille de Sacile ou de Fontana-Fredda, où l'archiduc Jean repoussa une attaque du vice-roi d'Italie, la cavalerie ne fit rien de notable, à part les dragons autrichiens (1), qui culbutèrent à Villadolte la cavalerie de la droite des Français. Du reste, le terrain même, coupé par une multitude de fossés et de canaux, s'opposait aux mouvements de cette arme, comme cela est très fréquent dans la Haute-Italie.

Le 8 mai, la cavalerie de l'archiduc fut vaincue par celle du vice-roi, portée alors à 10,000 hommes; mais la vigoureuse défense des Autrichiens réduisit à peu de chose le résultat de cette victoire.

Dans la nuit du 7 au 8, l'avant-garde du vice-roi avait, ainsi que 2 divisions de dragons, franchi la Piave. Le 8, le général autrichien Wolfskehl attaqua la cavalerie ennemie à la tête de 4 régiments. Une relation rapporte que cette attaque eut lieu en une seule ligne; mais Stutterheim affirme que cette faute ne fut point commise, et que 2 régiments formèrent une première ligne et 2 autres une seconde. Quoi qu'il en soit, les deux récits sont d'accord pour dire que les 4 régiments furent culbutés par les Français, et ne purent se rallier que derrière l'infanterie. La cavalerie française comptait 13 régiments, et on pouvait en attendre des exploits plus grands que ceux qu'elle exécuta; elle ne put entamer l'infanterie autrichienne;

---

(1) L'archiduc Jean avait trois régiments de hussards, deux de dragons et un de chevau-légers.

mais, toutefois, elle parvint à s'emparer de 15 bouches à feu.

Le corps de l'archiduc Ferdinand ne fit rien de notable qui rentrât dans notre sujet. Le combat de Raszyn, le 19 avril, aurait pu fournir à la cavalerie une occasion de défaire un ennemi inférieur en nombre, et de donner peut-être une tournure toute différente à la campagne des Autrichiens en Pologne. Mais un examen plus détaillé de cette campagne nous mènerait trop loin, sans rien nous fournir de remarquable à notre point de vue. Nous la passons donc sous silence.

CHAPITRE II.

Batailles d'Aspern et de Wagram.

Bataille d'Aspern ou d'Esslingen.

Depuis les revers essuyés aux environs de Ratisbonne par l'armée Autrichienne et depuis sa retraite sur la rive gauche, le corps du général Hiller restait seul sur la rive droite, opposé aux Français. Ce corps, infiniment trop faible pour leur tenir tête, repassa également le fleuve à Mautern. Le 17 mai, Vienne ouvrit ses portes au vainqueur. Ce jour-là, l'armée de l'archiduc Charles était dans le voisinage de Horn. Hiller, avec 58 bataillons et 38 escadrons (36,000 h., y compris 16 bataillons de Landwehr encore incapables de servir et qui furent renvoyés en Moravie), était en face de Vienne. L'archiduc Jean, vaincu en Italie, était à Tarvis, après avoir évacué le territoire vénitien et occupait les frontières de la Carinthie. Le général Chasteler tenait encore en Tyrol.

La reddition de Vienne et la destruction des ponts de Krems empêchèrent l'archiduc généralissime de passer sur la rive droite du Danube, comme il en avait conçu le projet. Les préparatifs de l'ennemi s'emblaient indiquer qu'il se disposait à passer prochainement lui-même sur la rive gauche, et à opérer ce passage dans le voisinage de Vienne; on pouvait donc présumer qu'il allait se livrer une bataille décisive dans les plaines de la Morava, connues sous le nom de Marchfeld.

Le 16 mai, l'archiduc et le général Hiller firent leur jonction au pied du Bisam. L'archiduc établit son quartier-général à Ebersdorf; ses avant-postes observaient le Danube depuis Krems jusqu'à Pressbourg; le gros de la cavalerie fut établi le long du Russbach, disposition nécessitée par le manque d'eau, les chevaux ne pouvant être menés à l'abreuvoir sur le Danube. Le 3° corps, commandé alors par le général Kolowrath, restait à Linz, faisant face aux Wurtembergeois et aux Saxons.

Napoléon avait pris son quartier-général au château de Schœnbrunn, où il était entouré de sa garde. Les corps de Masséna, de Lannes, d'Oudinot et de Bessières étaient à Vienne et aux environs. Davoust se trouvait entre Saint-Pœlten et Siechartskirchen.

On prétend que Napoléon eut d'abord l'idée d'opérer son passage à Nussdorf, mais qu'une tentative pour s'emparer de l'île située en face (la Schwarze-Lake), ayant échoué, il abandonna ce projet, pour franchir le fleuve à l'île de Lobau, former ses troupes entre les villages d'Aspern et d'Esslingen, et marcher de ce point à l'attaque de l'armée autrichienne. Le 18, en effet, les Français s'emparèrent de l'île de Lobau, gardée seulement par un simple piquet, et prirent immédiatement leurs dispositions pour traverser aussi le second bras du Danube, qui sépare l'île de la rive gauche.

Le 20, l'avant-garde française (division de cavalerie légère Lasalle et quelques bataillons) passa le fleuve. Les postes autrichiens virent de suite les mouvements de l'ennemi; d'ailleurs, du haut du Bisam on voyait la marche des colonnes qui se dirigeaient vers la Lobau. Nul doute qu'une bataille allait avoir lieu. Dans la matinée l'archiduc fit lui-même une reconnaissance à la tête de quelques régiments de cavalerie. Il résolut d'aller le lendemain au-devant de l'ennemi, et fit retirer pour le moment sa cavalerie sur Aderklaa; les avant-postes eurent également ordre de se replier sur l'armée à mesure que les Français pousseraient en avant. L'armée autrichienne elle-même se mit en bataille, le 21 mai au matin, entre le mont Bisam et le ruisseau du Russbach.

Le 21 au matin, une division d'infanterie française occupa le village d'Esslingen; deux autres divisions, du corps de Masséna, en firent autant pour le village d'Aspern et les alentours; les divisions de cavalerie Lasalle et d'Espagne et une partie de la division Nansouty, sous le commandement général de Bessières, se mirent en bataille entre les deux villages, étendant leur droite vers Engersdorf, afin de couvrir le passage et le déploiement de l'armée française, qui débouchait par les ponts de la Lobau.

Vers midi l'archiduc donna l'ordre d'attaquer les forces ennemies qui avaient passé le fleuve jusqu'alors, ce qui se fit dans l'ordre suivant et sur cinq colonnes.

Première colonne : 6ᵉ corps (aile droite), général Hiller;

19 bataillons et 28 escadrons, se portant sur Aspern le long du Danube.

Deuxième colonne : 1ᵉʳ corps, général Bellegarde, 20 bataillons et 16 escadrons, marchant sur Hirschstedten.

Troisième colonne : 2ᵉ corps, prince de Hohenzollern, 22 bataillons et 8 escadrons, se dirigeant sur Aspern par Breitenlée.

Quatrième colonne : 4ᵉ corps, général Rosenberg, 13 bataillons, 8 escadrons, se portant contre Esslingen par Raschdorf.

Cinquième colonne : 4ᵉ corps (aile gauche), 13 bataillons et 16 escadrons, marchant sur Esslingen par Enzersdorf.

Réserve de cavalerie : prince Lichtenstein, 78 escadrons, marchant entre la 3ᵉ et 4ᵉ colonne, dans la direction de l'Auberge-Neuve, entre Raschdorf et Breitenlée.

Corps de grenadiers : général d'Aspre, 16 bataillons, se portant à Gerasdorf, en réserve.

Total : 103 bataillons, 148 escadrons, 288 bouches à feu, 75,000 hommes.

D'après cette disposition, l'armée autrichienne devait entourer l'armée française en formant un demi-cercle dont la corde s'étendait du village d'Aspern à celui d'Esslingen. La distance entre les colonnes des deux ailes n'était guère de plus de deux lieues ; le terrain est uni ; les colonnes pouvaient donc parfaitement conserver leurs communications entre elles et s'appuyer mutuellement ; enfin, leur mouvement concentrique les rapprochait les unes des autres à mesure qu'elles poussaient vers l'ennemi. Le gros de la cavalerie était dirigé contre le centre de l'ennemi, tandis que les deux ailes avaient pour mission d'emporter Aspern et Esslingen, les deux points d'appui. De la possession de ces deux villages dépendait évidemment le sort de la bataille.

Nous ne nous proposons point de tracer ici le tableau complet de cette longue lutte que l'infanterie et l'artillerie se livrèrent autour des villages d'Aspern et d'Esslingen, lutte qui fut en somme le principal objet de ces deux journées mémorables et où les troupes des deux armées rivalisèrent de courage et de persévérance. Pour ne point sortir de notre cadre, nous nous attacherons surtout aux actions de la cavalerie, ne parlant du reste des opérations qu'autant qu'il le faut pour lier à l'ensemble des faits les détails dont nous aurons à nous occuper.

Au dire des relations françaises, il y avait, l'après-midi sur la rive gauche du Danube, au moment où les colonnes autrichiennes s'ébranlaient, 35,000 Français, savoir: les divisions d'infanterie Boudet, du corps de Lannes, Molitor et Legrand, du corps de Masséna, la division de cuirassiers d'Espagne, la brigade Saint-Germain de la division Nansouty, et la division de cavalerie légère du général Lasalle, en tout environ 10,000 chevaux; le reste de l'armée, ainsi que la majeure partie de l'artillerie, était encore occupé à défiler à travers l'île de Lobau. Napoléon, dans ses mémoires, dit même qu'il n'avait alors sur la rive gauche que 25,000 hommes. Quoi qu'il en soit de la vérité de cette assertion, une chose est certaine: c'est que les Autrichiens étaient évidemment très supérieurs en nombre sur cette rive, et que la destruction des ponts qui empêcha une grande partie de l'armée française de prendre part à la bataille, doit être regardée comme une circonstance décisive. Quant à la cavalerie, il est douteux qu'elle eût remporté des succès plus éclatants, si elle se fût trouvée tout entière sur la rive gauche. Ce qui lui rendit la victoire impossible, ce fut la faiblesse numérique des troupes françaises engagées, et il ne s'en suit pas que quelques milliers de chevaux de plus auraient apporté un bien grand changement à cette situation et diminué de beaucoup un désavantage aussi considérable. Pour combler la différence il eût fallu que la rupture du pont n'empêchât point les autres corps d'armée de suivre ceux qui avaient franchi le fleuve. Napoléon était sur le point d'ordonner la retraite sur l'île de Lobau, lorsque Bertrand lui fit savoir que le pont était rétabli, que les eaux baissaient et que les parcs défilaient. Cette nouvelle le décida à accepter la bataille, dans l'espérance, une fois toutes ses troupes passées, de terminer la guerre par un seul coup décisif.

La 1re et la 2e colonne autrichienne s'approchèrent d'Aspern et commencèrent l'attaque de ce poste naturellement fort et vaillamment défendu. La 3e colonne se mit en bataille entre Aspern et Breitenlée, sur deux lignes formées de bataillons en colonnes serrées, et fit avancer son artillerie pour appuyer l'attaque d'Aspern. La gauche tournait autour d'Enzersdorf, pour attaquer Esslingen dans cette direction, lorsque la cavalerie française s'avança entre ces deux villages. La cavalerie jointe au 1er et au 2e corps (2e et 3e colonne), incapable de résister à la masse des cuirassiers (12 régiments suivant les rapports autrichiens), se replia; la division Lasalle se porta au-devant de la cavalerie du prince de Lichtenstein, qui arrivait de Raschdorf; les cuirassiers chargèrent l'infanterie du 1er et du 2e corps.

Les relations allemandes rendent pleine justice à la bravoure de ces bandes fameuses, aux coups desquelles avaient déjà succombé tant de lignes ennemies. Napoléon de même, loin de leur imputer l'insuccès de son plan, qualifie leurs charges de belles et brillantes. Néanmoins, tous les rapports disent unanimement que cette cavalerie si redoutée ne parvint point à enfoncer un seul bataillon. L'infanterie autrichienne, formée en masses compactes, retenait le plus souvent son feu jusqu'à ce que les cavaliers ennemis fussent à 10 pas de distance. En vain les Français s'efforcèrent de pénétrer dans les rangs hérissés de baïonnettes; en vain ils cernèrent complètement certains bataillons. Les Autrichiens, sans s'inquiéter de ce qui se passait derrière eux, ne s'appliquaient qu'à présenter partout à l'ennemi un front couvert de fer, sans reculer d'une semelle, et les Français durent céder le terrain couvert de morts à la cavalerie du prince de Lichtenstein, qui accourait après avoir repoussé la division Lasalle. Une seconde attaque n'eut pas un meilleur succès, et coûta plus de monde encore aux Français; un régiment de hussards et un de dragons les ayant pris en flanc et en ayant coupé une partie qui, dispersée et pourchassée jusque derrière la ligne autrichienne, y furent faits prisonniers par les escadrons de l'insurrection hongroise, postés en arrière de la ligne.

L'infanterie du 5ᵉ corps résista avec la même fermeté et le même bonheur aux attaques d'un corps de cavalerie française. Le combat finit à l'entrée de la nuit, les Français se trouvant refoulés entre Aspern et Esslingen; le premier de ces villages était resté au pouvoir des Autrichiens; mais les Français s'étaient maintenus dans le second.

Les Autrichiens entouraient cet espace en formant un demi-cercle d'Aspern à Enzersdorf. Les deux généraux étaient résolus à reprendre et à terminer la lutte le lendemain.

Le corps d'Oudinot, la garde, les divisions des corps de Masséna et de Lannes qui n'avaient pu passer la veille, et les parcs d'artillerie vinrent augmenter les forces de Napoléon, qui, espérant faire franchir le Danube à toute son armée, se présenter sur le terrain avec une supériorité de 20,000 hommes, et reprendre alors ses attaques contre les Autrichiens avec plus de succès, pensait avec joie que la victoire ne pouvait lui échapper. Son dessein était de rompre par le milieu la ligne de bataille des Autrichiens, et de couper ainsi leur armée en deux moitiés; aussitôt ce résultat obtenu, la jeune garde devait s'élancer d'Esslingen et aborder la gauche de l'ennemi. Lannes, soutenu par le corps d'Oudinot, fut chargé d'attaquer le centre des Autrichiens; une nombreuse artillerie fut jointe à son corps pour préparer l'attaque, et toute la cavalerie devait suivre son infanterie (divisions Boudet et Saint-Hilaire).

Au dire de Napoléon, il n'avait que 50,000 hommes sur le champ de bataille, le 22 à 7 heures du matin, lorsque déjà le combat avait duré une couple d'heures. Il y en avait encore presque autant sur la rive droite, lorsque l'Empereur fut averti que le pont venait de se rompre de nouveau, et cette fois sans qu'il y eût aucun espoir de le rétablir dans la journée. La nouvelle de ce fatal évènement, l'arrachant tout à coup à ses brillantes espérances, y fit succéder les plus graves inquiétudes.

La bataille avait recommencé à 4 heures du matin autour des villages. Le cimetière d'Aspern fut pris et repris à la suite d'une lutte acharnée ; enfin les Autrichiens le démolirent. A Esslingen, les Français tenaient ferme dans le grenier d'abondance contre tous les assauts des Autrichiens, qui pénétraient chaque fois dans le village, mais ne parvenaient jamais à s'y maintenir, l'ennemi restant toujours en possession de ce point important.

Pendant qu'on livrait sur les ailes ces combats dont nous omettons le détail, Lannes se portait sur Breitenlée. Les relations françaises prétendent que son attaque aurait réussi si l'Empereur ne l'avait point rappelé après avoir reçu la nouvelle de la rupture de ses communications avec la rive opposée. Napoléon, dans ses mémoires, dit même que l'*ennemi, au désespoir et déjà en pleine retraite, s'était arrêté pétrifié, ne comprenant rien au mouvement rétrograde des Français.* Ce qui est incontestable, c'est que le centre des Autrichiens, sous les princes de Hohenlohe et de Lichtenstein, repoussa toutes les attaques dont il fut l'objet ; et ce qui ne l'est pas moins, c'est que tout le corps de Davoust, la moitié des cuirassiers et les parcs de réserve étaient encore sur la rive droite du Danube. Or l'histoire, qui doit relater les faits réellement accomplis et n'a point pour mission de décider ce qui serait arrivé dans telle ou telle circonstance, l'histoire ne saurait affirmer que Napoléon, à la tête de toutes ses forces, fut parvenu à réaliser ses projets, ni que sa cavalerie, réunie tout entière, eut enfin rompu et accablé les braves bataillons qui résistaient à toutes les attaques. La majeure partie de l'armée française emporta pourtant cette conviction du champ de bataille et, certes, jamais aucune armée moderne ne fut moins découragée après avoir vu échapper de ses mains une victoire qu'elle croyait assurée. Les Autrichiens, de leur côté, se proclamaient vainqueurs, et il est certain que le bonheur inespéré d'avoir résisté avec succès au capitaine qui jusqu'alors les avait écrasés en toute occasion, donna aux Autrichiens une certaine confiance en eux-mêmes et releva leur courage.

Fidèle à notre principe, nous passerons sous silence les faits qui suivirent la bataille d'Esslingen. Sans nous arrêter non plus à l'examen de ce qu'on aurait pu ou dû faire du côté des Autrichiens pour faire porter des fruits à leur demi-victoire qui resta stérile, nous devons néanmoins formuler quelques réflexions sur une affaire si importante sous notre point de vue.

Le lecteur qui a bien voulu suivre jusqu'ici nos récits et nos observations, ne nous reprochera point, sans doute, de vouloir représenter, comme seule décisive, l'arme à laquelle sont consacrées ces études d'histoire militaire. Il ne faut au cavalier qu'un peu d'expérience, puisée soit dans son propre fond soit dans celui d'autrui, pour être convaincu que non seulement il a souvent besoin de l'appui des autres armes, mais même que, dans beaucoup de cas, il est obligé de leur accorder une incontestable supériorité. Le destin qui préside aux batailles a eu soin de fournir au cavalier mille raisons qui l'empêchent de se croire invincible malgré tout. Mais il ne faut pas moins blâmer et réfuter l'idée des gens qui, tombant dans l'extrême contraire, prétendent que l'arme blanche a fait son temps, que l'introduction de l'arme à feu, la mobilité actuelle de l'infanterie, le perfectionnement de sa tactique, le système des tirailleurs et surtout les colonnes serrées par bataillons, ont achevé de briser la puissance offensive de la cavalerie, et que cette arme, utile encore çà et là dans les batailles, ne contribue néanmoins guère ou point du tout au succès général. En écrivant ces pages nous avons principalement pour but de mettre sous les yeux des lecteurs une série d'exemples qui puissent fournir autant de preuves historiques à l'appui de notre opinion. Nous voulons qu'on y puise quelques notions propres à faire distinguer ce qui est possible, praticable, nécessaire, opportun et important, de ce qui est impraticable inutile et nuisible. Nous désirons, en un mot, qu'on se fasse une idée raisonnable des services que la cavalerie peut réellement rendre, de ce qui est au-dessus de ses forces, et de la manière d'appliquer la force qui lui est propre, pour que cette force produise un effet utile. On arriverait alors à ne plus taxer de prodigalité ceux qui appliquent en temps de paix des sommes considérables à conserver et à perfectionner une institution dont l'utilité, en temps de guerre, doit avoir une autre fin que des accessoires sans importance.

On a argumenté de la bataille d'Aspern, pour soutenir que la cavalerie est impuissante contre des bataillons massés en colonnes serrées; or, cette formation étant aujourd'hui assez généralement adoptée, on pourrait en induire qu'il suffirait de ce simple moyen pour obtenir partout le même résultat. Examinons un peu cette question.

Dans la première partie du présent ouvrage nous avons cité plusieurs cas où l'infanterie, même sans cette formation évidemment très avantageuse contre les attaques des troupes à cheval, résista pourtant aux charges de la cavalerie. Dans notre introduction nous avons dit aussi que ce qui, en dernière instance, décide du sort des combats, ne peut se déterminer à l'avance par des règles. Si tout le secret consistait à former les bataillons en masse, pourquoi donc louerait-on les bataillons autrichiens de ne s'être point laissé ébranler? Qu'auraient-ils fait autre chose, si ce n'est ce qu'ils ne pouvaient s'empêcher de faire? Il est évident qu'une semblable assertion tomberait dans l'absurde! La disposition prise par les Autrichiens était convenable et bonne, cela est vrai; mais à elle seule, qu'aurait-elle servi sans l'esprit dont les troupes étaient animées? Les batailles d'Essling et de Wagram sont peut-être celles où, dans tous le cours de guerres de la révolution et de l'empire, l'armée autrichienne ait déployé le plus de véritable zèle patriotique; la nation s'était réellement dévouée à cette guerre, et aspirait avec ardeur à effacer la honte des défaites antérieures, à restituer au pays sa puissance et sa gloire, à montrer au monde que le favori de la victoire pouvait enfin la trouver infidèle.

Ne perdons pas de vue non plus, pour expliquer le résultat de ces journées, que des circonstances heureuses favorisèrent les Autrichiens d'une manière peu commune: la gloire de leur belle résistance n'en aura point à souffrir. Le plus bel enthousiasme n'est qu'un des éléments de la victoire; il a aussi ses bornes et ses écueils, comme tout ce qui tient à la nature humaine. D'ailleurs, on ne saurait nier non plus que les soldats de Napoléon, attachés à leur chef avec ce dévouement enthousiaste que n'inspirent que les grands capitaines, accomplissaient avec lui des choses étonnantes. Il faut, lorsqu'on cherche à s'expliquer le résultat d'une bataille, avoir égard à tout ce qui concerne les deux adversaires et ne point se placer au point de vue exclusif d'un seul. En appliquant cette règle aux journées d'Aspern et d'Esslingen, en bien pesant les événements qui les signalèrent, on arrivera facilement à comprendre d'abord que les Français aient pu être vaincus, et ensuite que le résultat général de la bataille n'eût pas été différent de ce qu'il fut, quand même la cavalerie française, au lieu d'être partout repoussée, aurait renversé quelques bataillons.

Le soir, le général Dorsenne ayant demandé à Napoléon la permission de faire donner la vieille garde, afin de refouler les Autrichiens, l'Empereur lui répondit : « Non : « il est bon que cela finisse ; sans pont et sans secours, « nous en avons vraiment fait plus que je n'espérais. » Il avait raison : du moment qu'on ne pouvait plus compter sur l'appui des troupes placées sur la rive droite du fleuve ; il fallait renoncer à l'espérance de remporter la victoire, et il ne s'agissait plus que de pourvoir à sa propre sûreté. En admettant, au contraire, que l'idée de l'Empereur eût pu s'exécuter avec l'armée tout entière, la direction qu'il donna aux attaques de sa cavalerie était sans contredit la meilleure et la plus efficace ; c'était, d'ailleurs, comme il le dit lui-même, *la seule possible, et cela tranche la question*, à moins qu'on ne regarde comme un meilleur emploi de la cavalerie de ne pas s'en servir du tout! Par la même raison, la réserve de cavalerie autrichienne était parfaitement placée derrière le centre de l'armée. Quant à l'attaque elle-même, les rapports français n'expliquent pas s'il y eut une disposition générale ordonnée par l'Empereur ou par le maréchal Bessières, ou si cette disposition fut abandonnée aux généraux de division, ou bien, enfin, si ce ne fut pas la résistance inattendue et vigoureuse de l'ennemi qui fit successivement engager tous les régiments. Cette dernière opinion semble prévaloir chez plusieurs témoins oculaires autrichiens.

Nous n'avons jamais approuvé le stérile travail de ceux qui, après telle ou telle bataille, s'amusent à coucher sur le papier des dispositions soi-disant meilleures, et s'efforcent de prouver qu'en adoptant ce plan on aurait obtenu un meilleur résultat. Ce n'est là qu'un exercice d'école ; car on sait très bien que la moindre variante survenue dans une situation donnée dérange aussitôt les dispositions premières et en exige de nouvelles, conçues et exécutées sur l'heure. Il est impossible que, relativement aux faits réels, un pareil procédé conduise à une conclusion sérieuse. Mais il est une chose que nous pouvons remarquer ici et qui a été certainement d'une importance réelle : c'est que l'appui de l'artillerie manqua dans les journées d'Essling à la cavalerie française. Sans vouloir calculer des événements qui sont en dehors du domaine des calculs théoriques, sans vouloir rien affirmer, on peut pourtant admettre que cet appui aurait été d'un grand effet. On conçoit aisément que la résistance de l'infanterie autrichienne aurait été beaucoup plus difficile et par conséquent la tâche de la cavalerie plus facile, si, avant de faire donner cette dernière, on avait fait avancer quelques batteries à cheval à petite portée de mitraille des Autrichiens, pour lancer sur leurs masses serrées quelques milliers de balles de mitraille et quelques douzaines d'obus. Ébranlés par les ravages de cette artillerie, les bataillons autrichiens se seraient peut-être laissé rompre par les charges des cuirassiers. L'histoire ne nous transmet aucune donnée sur ce point, mais on pourrait se demander pourquoi l'on ne fit rien de ce genre. Certes, on n'en saurait accuser l'artillerie française, dont la qualité était éminente, et, quoique la plus grande partie des bouches à feu fût encore occupée à défiler, il y avait déjà sur le champ de bataille des batteries légères qui n'auraient été employées nulle part mieux que là. Mais, pour que l'artillerie soit ainsi employée pour seconder directement la cavalerie, il faut, ou que les batteries soient annexées en permanence aux divisions de cavalerie, ou que le commandant en chef soit fixé d'avance sur le lieu et le moment où il voudra faire donner sa cavalerie : sans cela on manque toujours du temps nécessaire pour faire venir l'artillerie sur les points où sa coopération serait urgente. Il est probable que ni l'une ni l'autre de ces deux conditions ne se rencontra dans l'armée française, et cela explique pourquoi les cuirassiers durent se passer du concours de l'artillerie, précisément sur le point où ce concours eût été le plus nécessaire et le plus efficace.

Bataille de Wagram.

Dans cette bataille célèbre, la cavalerie joua des deux côtés un rôle secondaire et ne coopéra au résultat définitif par aucune action éclatante ou décisive. Napoléon avait porté son armée à 140,000 hommes environ, en attirant à lui l'armée d'Italie et divers autres renforts ; l'armée autrichienne, qui lui était opposée sous les ordres de l'archiduc Charles, n'en comptait pas tout à fait 100,000. L'Empereur effectua le passage du Danube par l'île de Lobau, au-dessous d'Enzersdorf, sans être inquiété ; le 5 juillet, il déploya son armée dans la plaine comprise entre le Russbach et le Danube ; le 6, il vainquit à Aderklaa, à Wagram et à Grafen-Neusiedel, la gauche et le centre des Autrichiens, en faisant agir principalement de fortes masses d'infanterie et d'artillerie appuyées par de grands corps de cavalerie. Les avantages que les Autrichiens avaient remportés sur leur droite furent ainsi réduits à néant. L'archiduc Jean, sur la coopération duquel on avait compté, n'arriva point à temps, et l'armée autrichienne, après avoir soutenu la lutte avec une héroïque constance, fut obligée de céder le champ de bataille, mais non de fuir. La bataille était perdue ; mais ce ne fut pas une défaite comme celles d'Iéna, d'Austerlitz, de Friedland. Le vaincu se retira sans se laisser culbuter. Aussi les journées de Wagram, considérées au point de vue purement militaire, ne peuvent-elles se ranger au nombre des victoires décisives de Napoléon ; ce furent les conséquences de la victoire qui élevèrent l'empereur des Français au faîte de sa grandeur politique. La main d'une archiduchesse fut le plus éclatant et le plus utile de ses trophées : car, lorsque toute la grandeur impériale se fut écroulée et que la magnifique armée qui avait triomphé de l'Europe eut été réduite à quelques débris, la main d'une princesse faillit devenir pour Napoléon un appui plus solide que toutes ses victoires, le traité de Pressbourg l'ayant introduit avec la qualité de parent dans le cercle des vieilles dynasties de l'Europe, au milieu desquelles il n'avait trôné jusque-là que par le secours de sa redoutable épée.

En nous abstenant toujours de toute critique inutile sur les événements qui précédèrent la bataille, ou sur les dispositions qui furent prises avant et pendant le combat, prenons les faits tels qu'ils se sont passés et traçons-en une esquisse rapide.

Les Français, ayant occupé le 2 juillet les petites îles du Danube entre celle de Lobau et la rive gauche, lancèrent le 4 au matin 1,500 voltigeurs qui, protégés par un feu d'artillerie bien nourri, débusquèrent les avant-postes autrichiens entre Enzersdorf et Mühlleuten. Quatre ponts furent alors jetés entre la Lobau et la rive gauche, à 6,000 pas environ en aval d'Enzersdorf, et l'armée se rangea, entre Enzersdorf, Sachsengang et Mühlleuten, en masses compactes. Le corps de Masséna formait la gauche, Bernadotte et Oudinot le centre, Davoust la droite. Derrière ces corps s'établirent l'armée du vice-roi, le corps de Marmont, la garde et la cavalerie de réserve. Vers huit heures du matin, toutes ces forces avaient franchi le fleuve.

L'archiduc généralissime s'était trouvé le 1er juillet à Enzersdorf, pendant que l'ennemi faisait vivement jouer contre cette petite ville et contre les retranchements élevés à la hâte devant Aspern et Esslingen une nombreuse artillerie placée sur les îles, qu'il jetait un pont entre l'île dite Mühleninsel, en face d'Aspern, et la rive gauche, et qu'il couvrait ce pont par un retranchement. En dépit de ces préparatifs, il n'était pas probable que l'ennemi tentât sur ce point le principal passage; la majeure partie de ses troupes était encore sur la rive droite. Il était difficile de croire que les Français déboucheraient sous le feu des batteries autrichiennes, et qu'ils renouvelleraient à la même place et dans des circonstances encore plus défavorables la tentative qui avait échoué le 21 et le 22 mai.

En effet, bien que les communications fussent assurées cette fois par une forte estacade, et que l'armée fût beaucoup plus nombreuse qu'en mai, la difficulté de se déployer sur la rive gauche était bien plus grande qu'à cette époque où les Français occupèrent tout d'abord les villages d'Aspern et d'Esslingen. Il était donc bien plus naturel de présumer que Napoléon ne faisait ces préparatifs que pour tromper son adversaire ; qu'il se servirait peut-être du pont de la Mühleninsel pour opérer quelque diversion, mais que ses attaques principales seraient dirigées, soit en amont, vers la Schwarze-Lake, soit en aval, du côté d'Ort. L'archiduc, convaincu qu'en divisant ses forces pour garnir tous les points où l'ennemi pourrait tenter le passage, il affaiblirait la résistance et augmenterait le danger, résolut de tenir son armée concentrée dans sa position derrière le Russbach, et de ne laisser sur le Danube que ses avant-postes, soutenus par un corps d'armée (le 6e). Le 2 au soir il transporta son quartier-général de Breitenlée à Wagram.

Le 4 au soir on expédia à l'archiduc Jean l'ordre de renoncer à la sortie qu'il devait opérer sur la droite du Danube, et de rejoindre au contraire l'armée par Marcheck. Le manque de temps ne permit pas de prendre les dispositions nécessaires pour exécuter cet ordre si important, et pour achever la marche prescrite. Le corps de l'archiduc Jean, fort de 12,000 hommes, ne put prendre part à la bataille. Il en fut de même de l'armée formée de l'insurrection hongroise et commandée par l'archiduc palatin.

Voici quelle était, le 5 juillet, la position de l'armée autrichienne :

Trois corps d'armée étaient entre Neusiedel et Wagram ;

le corps des grenadiers et la cavalerie de réserve à Gerasdorf; le 3e corps à Stammersdorf; le 5e corps (prince de Reuss) était près du Spitz, où il resta pendant la bataille sans y prendre part, parce qu'on craignit de le retirer de ce poste, l'ennemi ayant fait une démonstration vers Nussdorf, d'où il aurait pu prendre l'armée à dos.

Les avant-postes autrichiens, sous les ordres du général Nordmann, furent repoussés après une vive résistance du côté de Markgrafen-Neusiedel. La droite des Français, Davoust et Oudinot, les suivit dans cette direction, pendant que la gauche, formée du corps de Masséna et de l'armée d'Italie, refoulait le 6e corps sur Breitenlée après avoir enlevé Enzersdorf.

A quatre heures de l'après-midi, l'armée française s'était déployée dans la vaste plaine du Marchfeld. Sa droite était à Glinzendorf, sa gauche entre Aspern et Raschdorf; un grand nombre de bouches à feu étaient distribuées devant le front de bataille; la cavalerie était placée soit sur les ailes en fortes masses, soit en réserve. Le développement total de cette ligne de bataille n'était guère de plus de deux lieues, espace bien peu considérable, lorsqu'on pense que 150,000 hommes formeraient deux lignes continues de cette longueur sur deux et trois rangs chacune, sans compter les intervalles nécessaires, qui permettaient de donner à l'ordre de bataille une plus grande profondeur.

Dans le même moment, la gauche des Autrichiens, formée des 1er, 2e et 4e corps, était entre Grafen-Neusiedel et Wagram, derrière le Russbach; la droite, 5e corps, sur la Schwarze-Lake, à 4 lieues de Neusiedel, et le 3e corps à Stammersdorf, à 3 lieues de Neusiedel. Entre ces deux ailes se trouvaient le 6⁰ corps, qui se retirait d'Esslingen par Breitenlée, les grenadiers et la cavalerie de réserve, aux environs de Gerasdorf. Ces dernières troupes, à considérer comme un ensemble la position de l'armée autrichienne, en formaient le centre.

Cette position des deux armées montre d'une manière frappante la nature toute relative des idées de concentration ou de dislocation, appliquées aux armées en campagne. L'armée principale autrichienne était d'abord concentrée sur un espace de quelques lieues carrées, tandis que l'armée française s'étendait sur un espace bien plus considérable, depuis Vienne jusqu'à Presbourg. Au moment où nous sommes arrivés, l'armée française, au contraire, se trouve, par une concentration bien plus compacte, réunie tout entière en ordre de bataille devant l'armée autrichienne, qui se trouve maintenant la plus disloquée, quoiqu'elle ne soit pas étendue plus qu'elle ne l'était auparavant. Ce changement dans la situation relative des deux adversaires était extrêmement favorable aux Français, et, si jamais Napoléon avait pu compter avec confiance sur la victoire, ce fut certainement en cette circonstance. Jamais il n'eut moins à s'inquiéter de sa retraite : il n'avait point à craindre de s'y voir forcé par un ennemi si inférieur en nombre, et si pourtant, par un hasard quelconque, la retraite était devenue nécessaire, elle était assurée par une artillerie formidable et par des ponts à l'abri de tout accident.

Cependant les trois corps autrichiens postés derrière le Russbach résistèrent à toutes les attaques de l'ennemi contre leur centre, derrière Baumersdorf. Les régiments Vincent et Klenau chevau-légers chargèrent vaillamment l'infanterie du corps de Macdonald ; tout ce qui avait franchi le Russbach fut obligé de le repasser. Une erreur de l'infanterie saxonne qui, prenant pour ennemie l'infanterie italienne en retraite, l'accueillit par une fusillade, augmenta le désordre de ce mouvement. Enfin arriva un corps de cavalerie française qui arrêta celle de l'ennemi ; les troupes se reformèrent dans leurs positions de part et d'autre. Peut-être à ce moment la cavalerie autrichienne aurait trouvé l'occasion d'un beau fait d'armes, si elle eût été plus nombreuse sur ce point, ou bien la cavalerie française, si elle y fût arrivée plus tôt : car le combat avait pris un instant une tournure très fâcheuse pour les Autrichiens, lorsque Macdonald, soutenu par une partie de la garde et s'élançant de Baumersdorf, s'efforçait de faire une trouée entre le 1er et le 2e corps. Quelques régiments d'infanterie autrichiens avaient été complétement renversés, mais ceux qui les flanquaient tinrent bon. L'archiduc lui-même était accouru, et, grâce à ses efforts et à ceux des autres chefs sous ses ordres, le combat s'était rétabli et l'attaque avait été repoussée avec le concours énergique de la cavalerie.

Le 6, au point du jour, l'armée française se concentra encore davantage devant la gauche des Autrichiens.

Le corps de Davoust (4 divisions d'infanterie), renforcé d'une division de cuirassiers (Arrighi) et de 12 pièces d'artillerie à cheval, formait entre Grosshofen et Glinzendorf la droite des Français. Les maréchaux Oudinot et Marmont avec leurs corps et l'armée italienne du vice-roi formaient le centre, entre Grosshofen et Raschdorf. Bernadotte et Masséna étaient à l'aile gauche. Une division du corps de Masséna restait près d'Aspern sur le Danube ; le reste se liait au centre de l'armée, derrière lequel la garde, une division de Bavarois et deux divisions de cuirassiers, échelonnées sur plusieurs lignes, formaient la réserve.

L'archiduc résolut de prévenir l'attaque de l'ennemi, en faisant marcher son armée dans l'ordre suivant, arrêté à minuit au quartier-général de Wagram :

Le 6ᵉ et le 3ᵉ corps et les grenadiers devaient se mettre en marche à une heure du matin pour se porter contre la gauche des Français. Le 6ᵉ devait longer le Danube, le 3ᵉ prendre par Breitenlée, les grenadiers par Süssenbrunn. Le 5ᵉ corps gardait sa position près du Spitz.

Le 1ᵉʳ corps devait se porter sur Aderklaa, et attaquer ce village à 4 heures.

Le 2ᵉ corps devait franchir le Russbach, dès que le 1ᵉʳ aurait gagné du terrain ; en attendant il gardait sa position derrière le ruisseau.

Le 4ᵉ corps (aile gauche) avait ordre de marcher contre la droite de l'ennemi, dans l'espoir d'être soutenu dans son attaque par le corps de l'archiduc Jean, qu'on supposait près d'arriver.

Le prince de Lichtenstein avec sa cavalerie devait s'avancer entre Aderklaa et Süssenbrunn, entre les grenadiers et le 1ᵉʳ corps, à la même hauteur que ceux-ci ; un régiment de cavalerie formait l'avant-garde des grenadiers. L'archiduc généralissime fit connaître qu'il se tiendrait de sa personne auprès du 1ᵉʳ corps.

Au point du jour la bataille commença sur toute la ligne. L'aile droite des Autrichiens, le 6ᵉ corps, délogea d'Aspern une division française, lui prit 10 bouches à feu et la refoula dans la Lobau ; les troupes les plus avancées pénétrèrent jusqu'à Enzersdorf ; la cavalerie de la gauche des Français tenta une charge, mais elle fut repoussée par la cavalerie du 6ᵉ corps et quelques batteries légères. Le 3ᵉ corps poussa jusque dans le voisinage de l'Auberge-Neuve, entre Breitenlée et Raschdorf ; le corps des grenadiers s'avança entre Süssenbrunn et Aderklaa ; la cavalerie du prince de Lichtenstein s'étendit vers la droite : cependant la majeure partie resta auprès des grenadiers.

Le 1ᵉʳ corps trouva Aderklaa abandonné ; mais derrière ce village était le corps de Masséna. Une nombreuse artillerie couvrait de ses feux les Autrichiens qui franchissaient le Russbach. Masséna forma ses divisions d'infanterie en colonnes d'attaque, et une division de la cavalerie de réserve s'avança entre Raschdorf et Aderklaa pour le soutenir. Malgré le feu bien nourri de l'artillerie autrichienne, les Français pénétrèrent dans le village ; mais ils en furent aussitôt délogés à leur tour. Le corps des grenadiers autrichiens se lia alors au 1ᵉʳ corps et jeta quelques bataillons dans Aderklaa ; les autres se rangèrent sur une ligne en colonnes serrées, entre ce village et Breitenlée, ayant derrière eux en seconde ligne le gros de la cavalerie de réserve. Pendant ce temps, le 4ᵉ corps s'étant porté sur Glinzendorf, comme les dispositions le lui prescrivaient, non seulement il y avait rencontré une vive résistance, mais il avait même été forcé de se retirer sur Grafen-Neusiedel, menacé d'une attaque par une forte colonne ennemie qui s'était portée sur son flanc gauche entre Glinzendorf et Loibersdorf.

Ainsi, à dix heures, l'extrême gauche des Français était battue : mais l'attaque du corps de Masséna, qui formait la gauche proprement dite du corps de bataille, la résistance du centre des Français et le mouvement offensif de leur droite avaient mis un terme aux attaques des Autrichiens et arrêté le mouvement de tous leurs corps. La bataille avait pris dès lors un aspect fâcheux pour ces derniers, les corps étant dispersés sur une ligne de près de quatre lieues d'une aile à l'autre, et obligés, chacun de son côté, d'attendre les mouvements de l'ennemi pour agir. Le 4ᵉ, le 2ᵉ et le 1ᵉʳ corps et les grenadiers, opposés depuis Breitenlée jusqu'à Grafen-Neusiedel à la masse des forces ennemies, devaient évidemment s'attendre à une attaque vigoureuse dont le résultat n'était guère douteux, malgré toute la bravoure et la constance que ces troupes pourraient déployer. Napoléon, s'il avait pu voir nettement toute la situation, se serait écrié avec raison : « Ils n'ont plus de réserves, la victoire est à nous ! » Ses réserves, à lui, étaient encore intactes près de Raschdorf, n'attendant qu'un signe de leur chef pour se porter où il le voudrait, tandis que les Autrichiens n'avaient plus de réserves pour renforcer les points les plus faibles et les plus compromis de leur ligne.

Loin de regarder comme l'affaire la plus essentielle de repousser la droite des Autrichiens malgré ses succès, ou de mesurer sa ligne de bataille sur la longueur de la leur, Napoléon renvoya en arrière, vers Esslingen, deux divisions du corps de Masséna, qui avait exécuté l'attaque contre Aderklaa, pour y arrêter et contenir l'ennemi. Les corps de Davoust et d'Oudinot eurent ordre de franchir le Russbach au-dessous de Neusiedel, de déborder avec l'aile droite ainsi prolongée la gauche de l'ennemi, et de prendre en flanc la position de son 4ᵉ et de son 2ᵉ corps derrière le Russbach. En même temps, au centre, l'armée d'Italie, le corps de Marmont, 100 bouches à feu commandées par Lauriston, et Bessières avec la cavalerie de la garde et deux autres divisions de cavalerie, se portaient sur Aderklaa et Wagram.

Les grenadiers autrichiens et le 3ᵉ corps résistèrent bravement au choc de cette masse formidable. Le 4ᵉ corps se maintint aussi jusqu'après midi dans sa position; quelques régiments de cavalerie tentèrent de ce côté une charge contre le corps de Davoust, qui prenait le 4ᵉ corps en flanc; cette attaque n'eut d'autre succès que d'arrêter quelques moments les progrès du corps français. Le 2ᵉ corps appuya le 4ᵉ dans la défense de la position principale, qu'il fallut pourtant se décider à abandonner; le 4ᵉ corps, qui avait le plus souffert, perdit 11 bouches à feu et un certain nombre de prisonniers.

Aucun corps de l'armée autrichienne n'était dispersé; la retraite ne dégénéra sur aucun point en désordre ou en déroute. En vain les chasseurs de la garde et les régiments de cavalerie légère polonaise essayèrent de rompre l'infanterie autrichienne en retraite. La cavalerie française avait bien, en général, contribué à la victoire, mais on ne saurait dire qu'elle fut due à ses efforts, ni que sa coopération directe ait rien eu de bien efficace, ni lors de l'attaque de Davoust et d'Oudinot contre la gauche des Autrichiens, ni lors de celle de Macdonald contre leur centre; sur ce dernier point, comme sur l'autre, l'infanterie fit le meilleur de la besogne, après que les 100 bouches à feu de Lauriston eurent préparé ses attaques. Peut-être faut-il en chercher la cause dans le souvenir des journées d'Aspern: d'une part, on employa contre les colonnes autrichiennes un épouvantable feu d'artillerie, puisque Lauriston porta tout d'abord ses batteries à portée de mitraille; de l'autre, la cavalerie, même après ce formidable prélude, ne renouvela point la tentative que l'absence de l'artillerie avait fait échouer à Aspern. La poursuite des vainqueurs ne fut pas non plus appuyée avec cette vivacité que Napoléon aimait à y mettre, et c'était là certainement une conséquence de la bonne tenue des Autrichiens pendant leur retraite (1).

La cavalerie autrichienne prit une part honorable à la résistance. Il serait difficile, assurément, de dire qu'elle pouvait changer le destin de la bataille; mais il est presque certain que, si quelque chose avait pu être tenté dans ce sens, c'eût été une attaque contre les réserves postées à Raschdorf, seul moyen d'arrêter les progrès de Napoléon contre le centre et le flanc gauche des Autrichiens.

Une attaque contre le flanc et les derrières de Davoust aurait pu aussi avoir beaucoup d'effet ; mais, tel qu'était l'état des choses à 10 heures du matin, cette attaque n'aurait déjà plus été exécutable qu'avec les troupes de l'archiduc Jean, manœuvre impossible, puisque ces troupes n'avaient pu atteindre à temps le champ de bataille. La cavalerie disponible de la gauche des Autrichiens était évidemment trop faible pour exécuter cette attaque, et il aurait été impraticable d'y amener la réserve. Heurter de front les puissantes colonnes des Français, soutenues par une nombreuse artillerie et suivies d'un corps considérable de cavalerie comme réserve contre une attaque de ce genre, c'eût été vouloir prendre le taureau par les cornes, chose dangereuse toujours, et qui le plus souvent ne réussit point, quoiqu'il y ait des cas où l'on

---

(1) La cavalerie française perdit dans cette journée un de ses officiers les plus distingués, le général Lasalle.

n'est pas le maître de prendre un autre parti. Mais nous ne voyons pas ce qui aurait empêché de lancer de Breitenlée contre les réserves françaises, près Raschdorf, la cavalerie de réserve autrichienne, soutenue par quelques batteries légères : cette manœuvre, au contraire, semble conforme aux dispositions générales de l'ordre de bataille ; et il n'était pas nécessaire, pour en essayer, de prendre une résolution désespérée. On aurait pu, par ce moyen, tirer parti des succès du 3ᵉ et du 6ᵉ corps, faire jour aux autres corps, arrêter les attaques des Français contre Aderklaa et Neusiedel, détourner de force de ce point l'attention de Napoléon, gagner le temps d'amener aux points décisifs l'aile droite (5ᵉ et 6ᵉ corps), qui n'avait plus rien à faire à Aspern, et peut-être donner à la bataille une tournure plus avantageuse. Au moment où Masséna attaquait Aderklaa, il n'y avait entre son corps et le Danube qu'une division de cavalerie, déjà repoussée par la cavalerie de la droite des Autrichiens ; plus tard seulement il y arriva deux divisions d'infanterie, envoyées à Essling pour couvrir le flanc gauche des Français. Si enfin l'attaque échouait, la situation de l'armée autrichienne n'en devenait pas pire qu'elle n'était déjà ; si elle réussissait, elle pouvait avoir un résultat considérable qu'il est inutile de détailler ici.

Du reste, il se conçoit qu'il pouvait exister beaucoup de raisons qui fissent regarder une pareille entreprise comme trop périlleuse et trop difficile. Elle devenait d'ailleurs impraticable du moment où il fallut laisser près d'Aderklaa la majeure partie de la cavalerie pour soutenir les grenadiers, menacés d'une violente attaque et ne formant plus qu'une seule ligne pour remplir l'espace nécessaire après avoir occupé Aderklaa. Aussi, loin de nous la pensée de jeter le moindre blâme sur aucun des chefs de l'armée autrichienne pour n'avoir pas conçu ou exécuté cette idée ; nous ne la donnons absolument que pour dernier remède dans une crise où il ne restait guère d'alternative. Encore n'y eut-il pour l'application de ce remède qu'un moment promptement passé. Or, il faut la réunion de bien des circonstances pour que de semblables moments ne passent point inaperçus ou ne soient point négligés ; les exemples où ils ont été mis à profit sont, en effet, beaucoup plus rares que ceux où il est facile de prouver qu'ils existaient et auraient pu ou dû être saisis. La critique, cette fois, est infiniment plus aisée que l'art et la pratique, d'autant plus dificiles que l'existence des conditions diverses de succès dépend bien rarement des lumières ou de la volonté d'un seul individu.

LIVRE QUATRIÈME.

CAMPAGNES DE L'EMPIRE.

(*Suite.*)

Guerre d'Espagne.

1808-1813.

Dans le cours des campagnes de 1805, 6 et 7, Napoléon avait triomphé des armées que lui opposaient tour-à-tour les monarques les plus puissants de l'Europe. Tout le continent reconnaissait en lui l'arbitre de ses destinées. Déjà l'Italie, une grande partie de l'Allemagne, la Hollande et la Suisse étaient soumises à son pouvoir souverain : l'Espagne et le Portugal lui étaient attachés par une alliance qui dans le fait ne leur laissait de leur indépendance que le nom. Néanmoins cet état de dépendance et de sujétion ne satisfaisait pas encore le principe subversif et novateur de la politique napoléonienne. On se proposait donc de conquérir le Portugal, d'impliquer dans cette guerre l'Espagne, de la sacrifier ensuite au même principe, et d'ôter enfin à la race des Bourbons le dernier débris de ses anciennes possessions et de sa splendeur passée, en créant dans la Péninsule un royaume nouveau gouverné par une dynastie nouvelle.

Une politique avide, rusée et déloyale, peu soucieuse des moyens, pourvu qu'ils la conduisissent à ses fins, fit commettre à Napoléon cette faute impardonnable. Avec la maison royale, abattue par un procédé indigne du souverain d'une grande nation, l'Empereur crut avoir abattu à ses pieds toute l'Espagne. Mais la nation espagnole tout entière, révoltée, exaspérée d'une semblable attaque, se souleva pour opposer aux armées françaises une résistance qu'elles n'avaient encore rencontrée nulle part.

Rien ne prouve mieux, que cette funeste guerre d'Espagne, que le bon droit est le principe vivifiant, et que l'injustice tue. Cette Espagne, considérée alors comme un abîme de superstitions et de ténèbres, se lève, soutenue par la conscience de ses droits, et lutte avec un héroïsme qui devait faire rougir de honte les prétendus fils des lumières. Mais, de même que les idées les plus justes sont souvent défigurées, de même que des prémisses les plus vraies on n'a que trop souvent tiré les conséquences les plus fausses et les plus absurdes, de même ici. Il est incontestable que l'Espagne, malgré tout les genres d'oppression, malgré des défaites multipliées, malgré des violences inouïes, a fait triompher son droit après six ans d'une lutte meurtrière et acharnée, alors que l'Europe silencieuse et tremblante se courbait humblement sous le glaive du maître. Mais comment peut-il se faire que des écrivains de nos jours, des publicistes et des historiens, aient pu altérer la vérité au point de représenter la guerre d'Espagne comme le triomphe d'une masse sans organisation et sans discipline sur des armées bien disciplinées et rompues à la tactique. Jamais, au contraire, il n'a été plus évidemment démontré que le dévouement d'une nation entière ne peut rien contre une armée nombreuse et aguerrie, s'il ne s'y joint précisément cet ordre qui fait la différence entre une armée et une multitude confuse; jamais aucune guerre ne fournit des preuves plus convaincantes de l'immense avantage qu'un petit nombre de bons soldats a sur un nombre infiniment supérieur de gens qui n'apportent sur le champ de bataille qu'une bonne volonté maladroite et une arme dont leurs mains inhabiles n'ont pas l'habitude. C'est un fait certain qu'une partie des villes espagnoles résistèrent aux Français avec une extrême énergie, au lieu d'envoyer au-devant d'eux des parlementaires et des députations, comme le firent tant de villes allemandes. Il est certain aussi que jamais aucun arrangement, aucun traité de paix ne permit à l'ennemi de trouver une heure de repos au sein du pays vaincu, que les défaites des armées et la prise des places ne purent rompre la vigueur de la résistance, et que la lutte dévorait les forces du vainqueur, sans qu'il pût établir aucun résultat durable. Mais sous l'impression de ces faits, on en a perdu de vue d'autres non moins évidents, non moins incontestés. Partout, en effet, où les armées espagnoles osèrent attendre en rase campagne le choc des Français, elles furent battues, chassées, dispersées; à Sarragosse, plus de 55,000 Espagnols furent vaincus par 32,000 Français, malgré leur résistance acharnée derrière les murs de la ville; enfin, les Français pénétrèrent jusqu'à Cadix et jusqu'au cœur du Portugal, et il fallut que des soldats anglais vinssent aider la nation à reconquérir son propre territoire.

Il s'est trouvé des gens, des savants et des hommes politiques, qui se sont hardiment appuyés sur l'exemple de cette guerre pour soutenir qu'il n'était plus besoin d'armées à l'avenir pour défendre victorieusement la patrie menacée. Or, disaient-ils, le territoire ne peut être défendu *que* par une armée, dont la défaite conduirait le vainqueur à son but; ou bien la défense, à laquelle la population en masse prendrait part, se fera *sans* armée, *sans* organisation volontaire, *sans* discipline, ni art, ni ordre. L'enthousiasme exclu-t-il donc l'ordre et la réflexion? Certes, en raisonnant de la sorte, on ne se disait pas que la nation espagnole, secondée par une bonne armée espagnole et par une organisation militaire bien entendue des forces disponibles, se serait affranchie du joug étranger beaucoup plus tôt et avec beaucoup moins de sacrifices, au lieu que sa délivrance ne se réalisa qu'en 1814, coïncidant ainsi avec le grand écroulement de la fortune impériale.

Nous n'avons nulle envie de réfuter ici les déclamations de tout genre dont les armées permanentes sont l'objet depuis le commencement de notre siècle et surtout depuis une trentaine d'années, ni de nous expliquer longuement sur les projets enfantés par une foule de gens qui ne craignent pas de prendre pour base de leurs raisonnements la guerre d'Espagne. Nous n'en parlons qu'à cause de l'influence que peuvent exercer sur des institutions réelles les projets mal digérés de ces novateurs qui veulent appuyer leur système de défense sur une base incertaine, faible et chancelante de sa nature. Du reste, les partisans de ces nouvelles idées se mettent fort à leur aise en attribuant à leurs adversaires une doctrine qui n'aurait égard qu'à la puissance mécanique et partirait du principe que l'opinion ne peut rien contre le canon. A cela ils répondent que la puissance morale de l'opinion est invincible, et même seule invincible, parce qu'elle est au-dessus des accidents extérieurs. Et là-dessus, les uns et les autres d'argumenter de la guerre d'Espagne. Mais vous ne voyez donc pas que vous avez tous les deux raison, mais à un seul point de vue, et que vous avez tous les deux tort, en séparant ce qui doit être réuni, en opposant l'un à l'autre deux principes qui doivent se compléter, s'appuyer mutuellement? En effet, une armée bien organisée n'est point une machine sans âme, et une multitude confuse est sans puissance morale bien assurée. L'esprit organisateur, qui fortifie par l'ordre, ne doit pas être confondu avec cet autre esprit, inquiet et remuant, qui tantôt couvre d'un tumulte de cris la voix de la raison, et tantôt se condamne lui-même à un silence pusillanime, à cet esprit sans suite et sans consistance qui flotte sans cesse d'un extrême à l'autre et se trouve, au moment du péril, incapable de résister à une attaque énergique.

Certes, il faut apporter à l'étude de l'histoire un esprit bien peu sérieux, bien peu observateur, pour s'imaginer que les armées d'autrefois n'étaient que des machines mues par des ressorts mécaniques, et qu'il était réservé à notre époque de susciter les forces morales de l'humanité. Il y aurait bien des choses à répondre à une pareille assertion, quelque peu présomptueuse; mais nous nous contenterons de déclarer qu'au fond de toutes les actions des temps passés que le monde a jugées dignes d'admiration, nous reconnaissons la puissante action des forces morales et intellectuelles, la domination de l'esprit sur la machine. Nous ne faisons pas difficulté, cependant, de convenir que de nos jours on accorde une attention sérieuse à l'élément moral dans toutes les affaires militaires, et que l'Europe entière est d'accord pour proclamer, en principe, l'importance de cet élément. Partout on reconnaît la nécessité de donner des soins au développement moral et intellectuel du soldat, bien que tous les états n'apportent pas à cette culture une sollicitude égale et n'y procèdent point par les mêmes moyens. La diversité des moyens s'explique du reste très naturellement, quand on réfléchit qu'ils doivent se modifier selon les idées politiques en général, l'éducation militaire et les habitudes politiques de la nation étant essentiellement entées sur une seule et même racine. Mais même en admettant que tout le monde fût unanime quant au but qu'il convient de poursuivre, on pourrait encore supposer avec raison que différents états eussent aussi différents systèmes, différentes institutions militaires. Les uns, par exemple, croient qu'il est nécessaire, pour maintenir constamment une armée en état de combattre et pour n'en pas laisser périr les qualités militaires au milieu des loisirs et des jouissances de la paix, d'empêcher à tout prix le soldat de s'acclimater parmi le peuple, de se *fusionner* avec l'habitant. D'autres, au contraire, pour exciter un esprit belliqueux dans la nation, pour rendre leurs institutions militaires plus populaires, pourraient admettre dans l'organisation des armées des principes incompatibles avec cet ordre sévère sans lequel il n'y a ni obéissance ni commandement possible, et sans lequel l'existence de toute troupe est compromise, fût-elle composée des meilleurs soldats. Sans vouloir nous attacher au développement de cette vérité, et pour rester dans les bornes de notre sujet, nous toucherons ici un seul point, dont l'importance devrait être unanimement reconnue et proclamée par tous ceux qui prennent quelque intérêt aux choses de l'art militaire. Il n'est point de bonnes troupes sans de bons officiers, quel que soit le système adopté. En tout temps, dans toutes les circonstances, un bon corps d'officiers formera un bon régiment; mais la meilleure troupe dégénèrera toujours rapidement sous des officiers incapables : car il est dans la nature humaine que l'influence descende du supérieur à l'inférieur, et ce serait une folie contraire à tout ordre d'espérer que les subordonnés ramèneront leur chef dans le chemin de son devoir. L'erreur ne serait guère moins dangereuse, si l'on se contentait de trouver les capacités nécessaires dans les chefs supérieurs des armées, en se rassurant par l'idée que dans les grades inférieurs les bons compenseraient les mauvais et qu'il est inutile de regarder de trop près aux qualités de chacun en particulier. Certainement il est impossible de prétendre à une perfection complète et générale; mais un système qui érigerait en principe cette sorte d'optimisme qui se contente de peu faute de travailler à faire beaucoup, conduirait évidemment à la ruine et à la destruction de l'appui le plus sûr, le plus solide et le plus essentiel de l'organisation militaire. La constitution militaire d'un empire n'a rien de plus important que le développement intellectuel et l'instruction des corps d'officiers, et ce serait une inconséquence impardonnable et extrêmement dangereuse que de se contenter sur ce point d'une organisation vicieuse, du moment où l'on reconnaîtrait l'importance des facultés morales et intellectuelles, et qu'on ne se confierait pas uniquement dans le nombre des combattants et dans une apparence extérieure d'aptitude et de solidité.

On a beaucoup déclamé contre l'usage qui donnait les épaulettes d'officier à des enfants et n'admettait aux grades de l'armée que des nobles. Cet abus a cessé aujourd'hui dans la plupart des armées européennes. Mais ne serait-ce pas un abus également grand, et plus dangereux peut-être, de dispenser les officiers de toute étude préparatoire, et n'aurait-on pas des hommes encore bien plus incapables que les nobles bons-hommes d'autrefois, élevés du moins dans certaines idées relatives à leur future profession. S'il est évident que la naissance ne suffit pas pour donner à un individu les qualités qui font les bons officiers, il est impossible non plus de nier que, dans l'état actuel des choses, un homme livré à une profession civile quelconque puisse y trouver le loisir et les moyens de se préparer à l'exercice d'un commandement militaire. Les devoirs du soldat sont trop sérieux, les fonctions de l'officier trop graves, trop importantes et trop complexes pour que quelques journées dérobées çà et là aux affaires suffisent à transformer en officier capable le premier venu qui endossera un uniforme. A peine en saura-t-il assez pour passer une revue et exécuter quelques manœuvres de parade ; mais assurément il ne possèdera aucune des qualités et des facultés que l'étude et la pratique doivent aujourd'hui développer chez un homme, pour en faire un officier capable et digne de confiance.

Cette guerre d'Espagne qu'on a tant invoquée pour prouver qu'on devait *vulgariser* les armées, cette guerre nous fait précisément voir combien est pernicieuse cette absence de culture préliminaire et de valeur pratique qui laisse l'officier au-dessous de sa tâche. Il est indubitable que, commandée par des corps d'officiers capables, l'armée espagnole aurait prêté à l'enthousiasme de la nation un appui moral et matériel infiniment plus solide qu'elle put le faire dans le déplorable état où son organisation était descendue. Quelques partis de guérillas ont fait voir quelle influence pouvait exercer un bon chef, et si les Portugais se distinguèrent à leur avantage des troupes espagnoles, ils ne le durent qu'à une meilleure organisation militaire : car, pour la haine de l'étranger et l'amour de la patrie, les uns et les autres en étaient assurément animés au même degré.

Revenons maintenant aux faits de ces mémorables campagnes, dont nous ne tracerons qu'une esquisse rapide en nous attachant aux seuls détails qui intéressent la cavalerie.

I. Campagne de 1800.

En 1806, lorsque le désir de se débarrasser de l'alliance française parut surgir au sein du cabinet de Madrid, l'armée espagnole devait compter, selon les états réglementaires, 83,000 hommes d'infanterie et 18,000 de cavalerie. En 1808, au moment où le cabinet, grâce aux intrigues et à la faiblesse de Manuel Godoï, prince de la Paix, se trouvait plus que jamais enveloppé dans les filets de la politique impériale, il y avait en Espagne environ 40,000 hommes d'infanterie et 11,000 chevaux. Un corps de 10,600 hommes et 2,400 chevaux était en Danemark avec le corps d'armée du prince de Ponte-Corvo ; 21,000 hommes et 24,000 chevaux étaient en Portugal, et 10,000 hommes aux îles Baléares. Les troupes restées en Espagne étaient disséminées dans diverses garnisons, ou stationnées devant Gibraltar, ou réparties le long des côtes de la Méditerranée.

Napoléon regardait comme une proie facile ce royaume privé de ses moyens de défense. La meilleure partie des armées de Portugal et d'Espagne était avec ses propres troupes en Danemark, loin de leur patrie ; le roi et l'héritier du trône, attirés à Bayonne, avaient été contraints d'abdiquer ; Joseph, proclamé roi d'Espagne et des Indes, avait reçu à Bayonne les hommages d'une assemblée qu'on y avait convoquée et qui était censée représenter la nation. Par précaution, cependant, on comptait s'assurer l'obéissance des populations en mettant des garnisons françaises dans les principales places du royaume.

Le grand-duc de Berg passa les Pyrénées à la tête d'une armée de 70,000 hommes, occupa Madrid, et détacha le maréchal Moncey avec 12,000 hommes et le général Dupont avec 18,000, le premier pour s'assurer de Valence, le second pour occuper Cadix. Ces deux corps rencontrèrent une forte résistance avant même d'avoir atteint le terme de leur expédition. Moncey se replia derrière l'Ebre ; Dupont, coupé de toute espèce de secours, cerné de toutes part par les corps de Castanos et de Reding, composés en majeure partie de troupes régulières revenues de Portugal ou du camp de Saint-Roch devant Gibraltar, signa le 22 juillet la fameuse capitulation de Baylen, après s'être vigoureusement battu près de cette ville.

Le 14 juillet, Bessières avait attaqué avec 14,000 hommes, près de Medina-del-Rio-Secco, non loin de Valladolid, une armée de 50,000 Espagnols commandée par l général Cuesta, l'avait complètement battue, et lui avait enlevé 5,000 prisonniers et 40 bouches à feu. C'étaient presque toutes des troupes récemment formées avec les milices tirées de la Galicie et des provinces septentrionales, incapables de résister au choc des vieilles bandes françaises. Aussi la cavalerie de Lasalle avait-elle culbuté sans effort tout ce qu'elle avait pu atteindre.

Napoléon, ravi de voir la guerre commencer sous de si brillants auspices, en croyait déjà voir la fin dans cette victoire qu'il comparait à celle de Villa Viciosa en 1710. Déjà, faisant le parallèle entre Philippe V et son frère Joseph, il prétendit que Bessières avait fixé sur la tête de ce dernier la couronne d'Espagne. Le 20 juillet, le nouveau roi faisait son entrée à Madrid ; mais le 27 on recevait la fatale nouvelle du désastre de Baylen, et dès le 1er août Joseph était forcé de quitter sa capitale et de transférer sa cour à Vittoria. Les troupes françaises se replièrent derrière la ligne de l'Ebre, « *pour se refaire dans* « *un pays plus frais que les plaines arides de la Castille,* » suivant les expressions du bulletin impérial.

Le siége de Saragosse, commencé en mai, fut levé le 15 août. Dans les premiers jours du même mois, sir Arthur Wellesley débarqua dans la baie de Mondego, en Portugal, avec 14,000 hommes d'infanterie, 200 chevaux et 3 brigades d'artillerie. Le 21 août il battit à Vimieira le général Junot, et le 30, le général anglais Dalrimple signa la convention de Cintra, en vertu de laquelle les Français évacuèrent le Portugal (1). Les troupes espagnoles avait déjà quitté le Portugal avant cette époque. Enfin le marquis de la Romana parvint, le 9 août, à embarquer son corps à Nyeborg (sauf 3 bataillons et 1 régiment de cavalerie), pour le ramener dans sa patrie.

Ce premier coup, par lequel Napoléon avait compté réaliser la soumission du pays, se trouvait donc paralysé. Dans la Péninsule entière on manifestait hautement la résolution de repousser par la violence une dynastie imposée par la violence. Mais en même temps et malheureusement pour le succès de la cause espagnole, l'espoir de réussir dégénéra promptement en une confiance présomptueuse, pleine d'illusions et d'orgueil, qui empêcha tout d'abord d'apprécier exactement l'état des affaires et de prendre les mesures convenables pour s'assurer un bon résultat.

Au mois de septembre une junte centrale fut convoquée à Madrid, avec mission de diriger les affaires générales du royaume. Mais les rapports entre cette junte suprême et les juntes provinciales demeurèrent confus : les diverses provinces, sans autre lien commun que leur commune aversion contre le joug étranger, ne furent jamais soumises de fait à un pouvoir central et unique, qui eût dirigé et organisé leurs efforts suivant un plan d'ensemble et dans un but général. Cette division des pouvoirs et des influences exerça sur les évènements de la guerre une action extrêmement fâcheuse pour l'insurrection.

Cependant, la junte de Madrid recevait de toutes parts

(1) Voy. Thiébault, relation de l'expédition de Portugal en 1807 et 8. Paris 1817.

des rapports où l'on racontait que de nombreuses armées se rassemblaient. Dans un aperçu des forces disponibles ou en voie de formation, communiqué au ministre anglais, on disait qu'avant la fin de l'année 500,000 hommes et 50,000 chevaux seraient prêts à entrer en campagne. En alléguant de pareils chiffres on comptait sur le dévouement général de la nation qui était bien, en effet, capable de mettre sur pied le nombre d'hommes indiqué; mais on ne se préoccupait point des difficultés qu'il faudrait surmonter pour transformer une pareille masse désordonnée en une armée organisée; on oubliait trop la différence qu'il y a entre une multitude de gens, si nombreuse qu'elle soit, et une troupe disciplinée, instruite et aguerrie, différence que la meilleure volonté du monde ne peut jamais combler à elle seule.

Au commencement de novembre il y avait, suivant les assertions officielles, 40,000 hommes sous le général Blake dans les provinces basques, 45,000 sous Castanos aux environs de Tudela; 20,000 sous Palafox en Aragon; 20,000 en Catalogne; enfin une armée de réserve de 30,000 hommes en Castille, et le corps de Romana à Santander.

Sans doute l'effectif réel de tous ces corps différait considérablement des chiffres énoncés; cependant on peut admettre sans difficulté que 100,000 hommes environ entouraient, de l'Océan à la Méditerranée, l'armée française retirée derrière l'Ebre. Une armée anglaise, forte de 30,000 hommes et commandée par le général sir John Moore, marchait vers le même temps sur Salamanque.

Le colonel Jones, dans son ouvrage sur la guerre d'Espagne et de Portugal, regrette entre autres que les armements de l'Espagne n'aient pas produit une bonne cavalerie. Les troupes anglaises elles-mêmes ne comptaient pas tout à fait 5,000 chevaux. La conséquence immédiate de ce vice d'organisation fut que les Espagnols, dès que les Français rouvrirent la campagne, se virent fréquemment surpris par des attaques imprévues, quoique la disposition générale des esprits les mît à même d'être bien et promptement renseignés. Cette seule circonstance donnait déjà à la cavalerie française un grand avantage.

Pendant qu'on prenait ces dispositions en Espagne, et que le peuple transporté d'allégresse par la victoire de Baylen et la fuite de Joseph, nourrissait l'espoir de voir bientôt le sol de la patrie délivré de la présence d'un ennemi exécré, Napoléon mettait en mouvement une armée de 80,000 hommes, ordonnait une levée de 160,000 conscrits et arrivait de sa personne à Vittoria, le 5 novembre (1).

Déjà, même avant l'arrivée de l'empereur, les opérations avaient recommencé le 31 octobre par une attaque de la droite des Français, sous le maréchal Lefèvre, contre le corps du général Blake. Ce corps, battu dans une série de combats, fut rejeté dans l'espace de deux semaines depuis Bilbao jusque dans les montagnes des Asturies et tellement désorganisé qu'au milieu de novembre il ne formait plus qu'un total de 20,000 hommes, y compris les troupes de Romana, qui s'étaient avancées pour recueillir et rallier le corps fugitif. Les soldats de Romana furent les seuls qui montrèrent de la fermeté et de la

---

(1) A la fin de l'année 1808, les forces françaises en Espagne s'élevaient à 160,000 hommes d'infanterie et 16,000 de cavalerie.

tenue; mais ils ne furent engagés que lorsque le premier coup était porté, et leurs efforts pour arrêter les rapides progrès de l'ennemi ne servirent qu'à leur faire éprouver des pertes considérables. « C'étaient eux toujours, dit Jones, qui recevaient et soutenaient le premier choc, et un grand nombre de ces braves vétérans furent inutilement sacrifiés. »

Tandis que Lefèvre et Victor étaient à la poursuite de l'armée de Galice et des Asturies, Napoléon se portait sur Burgos avec le centre de l'armée française, formé par la garde impériale, le corps de Soult et la cavalerie de réserve sous les ordres de Bessières. La gauche, sous Ney et Moncey, se concentrait à Logrono, pour pénétrer de là dans l'Aragon. Sur aucun point les Espagnols ne purent tenir contre les attaques des Français. Le 9 novembre, le maréchal Bessières pénétra dans Burgos à la tête de la cavalerie, après le combat de Gamonal, où l'infanterie de la division Mouton avait culbuté l'élite de l'infanterie espagnole, les gardes wallonnes, et quelques régiments de ligne. L'armée d'Estrémadure, comme on appelait les troupes réunies dans ce pays, fut complètement dispersée. Napoléon établit son quartier-général à Burgos, où il resta jusqu'au 22, afin de pouvoir, de ce point central, diriger les opérations contre l'armée d'Aragon, dès que sa droite aurait complété sa victoire. Le 10 novembre, croyant que l'armée anglaise était arrivée à Valladolid, l'empereur détacha les 3 divisions de cavalerie Lasalle, Latour-Maubourg et Milhaud avec 20 pièces d'artillerie à cheval, pour se porter par Palencia vers Zamora et prendre les Anglais à revers. Soult, dont le corps comprenait la division Mouton, victorieuse à Gamonal, se dirigea au nord pour opérer contre le corps de Blake et de Romana. Le 11, eut lieu le combat d'Espinosa; le 12, Soult arriva à Reynosa, d'où il poussa en avant jusqu'à la côte septentrionale; le 16, les Français occupèrent Santander, et le marquis de la Romana ramena dans le royaume de Léon les faibles restes de l'armée de Galice et des Asturies. En recevant la nouvelle de ces succès, Napoléon chargea le maréchal Lannes de l'attaque principale contre l'armée d'Aragon. Ce maréchal partit le 19 de Burgos pour Ladosa sur l'Ebre, où se trouvait déjà le maréchal Moncey. Ney eut ordre de marcher sur Soria pour couper à l'ennemi la retraite du côté de Madrid. Le 27, une bataille fut livrée à Tudela. Castanos avait fait prendre à ses troupes une position de 2 lieues d'étendue, ce qui affaiblit encore la résistance des Espagnols, augmenta la confusion et ôta à leur chef toute possibilité de diriger le combat. Au premier choc, les Espagnols furent culbutés, et leur armée tout entière eût été détruite si Ney avait pu exécuter complètement la mission dont on l'avait chargé.

La cavalerie française joua dans toutes ces affaires un rôle très actif. Souvent, il est vrai, elle rencontrait un terrain difficile et défavorable à son action; mais la qualité des troupes espagnoles lui offrait trop de chances de succès, et les généraux français s'entendaient trop bien à mettre ces chances à profit, pour n'en pas tirer toujours des avantages très notables. C'était, du reste, presque partout la même manœuvre : dès que le combat était engagé, la cavalerie chargeait un point quelconque de la ligne ennemie, la perçait, prenait à revers l'une des ailes, sabrait tout ce qu'elle trouvait à portée de ses coups, et poursuivait les fuyards jusqu'à ce qu'ils pussent se mettre à l'abri derrière quelque obstacle protecteur. La plupart des affaires dont nous venons de parler se ressemblent en ce point, qu'il y eut toujours au feu une portion relativement très faible de l'infanterie française, tandis que tous les rapports vantent les charges brillantes de la cavalerie. Les Français surent se servir en Espagne de leur cavalerie, comme les alliés auraient dû s'en servir contre eux au commencement des guerres de la révolution.

Cette campagne, que les Français appelèrent la campagne impériale, est une des plus fécondes dans les annales de leur cavalerie. Mais c'est aux lanciers polonais qu'appartient la gloire d'avoir accompli, dans le défilé de Somo-Sierra, le plus brillant des faits d'armes qui signalèrent les guerres de la Péninsule.

Combat de Somo-Sierra.

Le 22 novembre, Napoléon avait quitté Burgos pour s'avancer sur Madrid, pendant que Soult pénétrait dans le royaume de Léon, que Ney poursuivait Castanos, et que Moncey faisait les apprêts du siége de Saragosse. Le 30, l'avant-garde du corps de Victor arriva devant le défilé de Somo-Sierra, gardé par 13,000 Espagnols. Quinze bouches à feu, mises en batterie dans une position avantageuse, balayaient les abords du défilé, que traverse la grande route de Burgos à Madrid.

Une division d'infanterie de 3 régiments, avec 6 pièces de canon, s'avança contre cette formidable position. De chaque côté de la route s'étendait un régiment; le troisième marchait sur la route même qui gravit la montagne par une pente rapide. Les tirailleurs engagèrent le combat, sans faire de progrès, en s'efforçant de gravir les hauteurs escarpées sur les ailes de la position.

Les choses en étaient là lorsque Napoléon arriva avec la cavalerie de la garde. La tête de la colonne était formée par le régiment des lanciers polonais, colonel Dautancourt ; un escadron faisait le service auprès de l'empereur. Le régiment se forma sur la droite de la route en colonne par escadrons. L'empereur, à cheval, s'avança jusqu'au pied de la hauteur et examina la position de l'ennemi, au milieu des boulets qui passaient à ses côtés et au-dessus de sa tête. Il ne découvrit aucun moyen de tourner ce terrible défilé ; d'un autre côté, il lui importait extrêmement de ne point perdre de temps. Peut-être alors s'éveilla-t-il dans sa mémoire plus d'un souvenir d'heureuses témérités; peut-être pensa-t-il que, dans certains cas, où la sagesse ne peut rien, l'audace est la sagesse la plus salutaire; d'ailleurs il avait déjà pu apprécier l'ennemi auquel il avait affaire, et sa confiance pouvait être extrême sans devenir présomptueuse. Il se résolut sur-le-champ à tenter ce qu'on pourrait obtenir en brusquant l'attaque avec impétuosité, et donna ordre à l'escadron de service de se lancer droit sur le défilé. Cet escadron, soit que l'espace lui ait manqué, soit que l'ardeur d'exécuter sans retard l'ordre de l'empereur ne lui ait pas laissé le temps de se former, s'ébranla sur quatre hommes de front, comme il était rangé. Accueilli par un feu bien nourri, il ne put réaliser son dessein et tourna bride. Les colonels Dautancourt et Krazienski rallièrent cependant sur-le-champ cet escadron, firent avancer les autres et renouvelèrent l'attaque à la tête de tout le régiment, qui vit cette fois son audace couronnée du succès le plus complet. Les lanciers gravirent au galop la pente rapide de la route, sans s'inquiéter du feu des Espagnols qui s'éteignit aussitôt. Au bout de quelques minutes, la batterie était prise, l'infanterie dispersée, la position emportée, la victoire décidée de la manière la plus brillante. Les Polonais perdirent 7 officiers et 57 lanciers dans cette affaire, qui certainement est un des plus étonnants et des plus admirables faits d'armes dont la cavalerie puisse se glorifier.

Un chef moins audacieux que Napoléon eût pensé à mille autres choses plutôt qu'à une tentative en apparence aussi follement téméraire; une troupe moins vaillante eût regardé l'entreprise comme impraticable après un premier moment d'insuccès, et cette idée l'eût certainement empêchée de revenir à la charge. Nous n'avons pas besoin de dire que cet exemple et d'autres du même genre ne prouvent nullement qu'il faille agir partout avec la même témérité ; car la même tentative aurait eu peut-être un tout autre résultat devant un autre adversaire. Mais ce que ces exemples nous font voir, c'est qu'il y a des cas où les pertes possibles sont infiniment moindres que les avantages possibles du succès, des cas où la situation et la qualité de l'ennemi justifient l'espérance des résultats hors ligne, et où il est glorieux, rationnel et convenable d'être téméraire. Dans de pareils cas l'audace est un devoir; mais on ne peut les réduire en règle ; les héros de tous les temps ont eu à cet égard un tact auquel ils ont dû une bonne partie de leurs succès. L'absence de ce tact, les scrupules et les hésitations qui étouffent l'audace ont fait perdre à plus d'un homme de talent sa propre gloire, et à plus d'une excellente armée sa supériorité sur une armée beaucoup moins bonne. Aucune arme, du reste, n'a autant à gagner ou à perdre à la grandeur ou à la faiblesse de ses chefs, que la cavalerie.

Quelques jours après le combat de Somo-Sierra, Napoléon faisait son entrée à Madrid.

La cavalerie française de la Catalogne obtenait des succès du même genre. Le 21 décembre, après que l'infanterie du général Saint-Cyr eut emporté le mont Ferrat, le 4e dragons tomba, près du défilé d'Ordel, sur une colonne qui marchait du Llobregat vers Tarragone, chassa la cavalerie espagnole, dispersa l'infanterie et la compagnie d'élite du régiment, et s'empara de 25 pièces de canon et d'une multitude de voitures et de prisonniers, en galopant sans s'arrêter pendant plusieurs lieues le long du convoi d'artillerie et de bagages. Le lendemain, les Français surprirent l'arrière-garde espagnole, la mirent dans une déroute complète, et la poursuivirent l'épée dans les reins jusqu'à Tarragone, où le général Reding ralliait l'armée de Catalogne, et s'efforçait de la réorganiser pour faire de nouveau résistance.

Retraite des Anglais.

Pendant que les troupes victorieuses de Napoléon dispersaient partout les Espagnols, et faisaient presque entièrement disparaître toute cette multitude armée qui promettait naguère avec une suprême confiance d'affranchir la patrie du joug des étrangers, le général anglais, sir

John Moore, avait concentré son corps d'armée dans les environs de Salamanque. La reddition de Madrid et les progrès des Français qui le menaçaient alors avec des forces très supérieures, l'ayant contraint de renoncer à l'opération offensive que le ministère anglais et la junte centrale l'avaient engagé à tenter, il se vit dans la nécessité de battre en retraite, et se dirigea sur la Corogne à travers des difficultés inouïes. Pendant cette retraite, l'armée tomba dans un état de détresse que Jones peint avec les couleurs les plus sombres, et certainement les Français l'auraient entièrement écrasée par leur supériorité numérique, s'ils n'avaient pas eu eux-mêmes à lutter contre les intempéries de la saison, contre les difficultés sans cesse renaissantes des chemins montagneux et contre la disette de vivres, obstacles que ni le zèle des généraux, ni la bravoure des troupes, ni l'habileté et l'ardeur des maraudeurs ne purent surmonter.

La bonne conduite de l'arrière-garde anglaise, que Moore formait toujours avec celles de ses troupes qui avaient le moins subi de désordre, contribuait aussi à modérer la poursuite des Français, qui, à la première rencontre, purent juger de la différence entre ces soldats et l'ennemi qui jusqu'alors s'était offert à leurs coups. Sir John Moore se porta de Salamanque vers Toro sur le Douro, et de là sur Sahagun, afin de gagner la route de Burgos au royaume de Léon, direction que suivait le maréchal Soult.

Le 19 décembre, Lord Paget, avec sa brigade de cavalerie, arriva à 4 lieues de Sahagun, où s'était déjà établie une brigade de cavalerie française. Lord Paget résolut de surprendre l'ennemi, et se mit en marche, dans cette intention, le 20 décembre à 2 heures du matin. Il avait partagé sa brigade en deux corps; un régiment devait tourner la ville en longeant la Céa; lui-même, avec le 15ᵉ hussards et quelques pièces de canon, s'avança par la route directe. La terre était couverte de neige et la nuit extrêmement froide. On surprit un piquet français; cependant, quelques hommes qui s'échappèrent ayant donné l'alarme à la ville, les Français eurent le temps de se mettre en selle avant l'arrivée des Anglais. Un chemin creux avait arrêté le mouvement de ces derniers; pourtant, lord Paget ayant franchi l'obstacle, continuait de s'avancer. L'autre partie de la brigade n'étant pas encore arrivée, il se trouva avec 400 hommes en face de 700 Français. Sans s'arrêter à cette disproportion de forces, lord Paget rappela en quelques mots au régiment son ancienne gloire, et commanda la charge qui eut un succès complet. Les Français furent culbutés; on en sabra un bon nombre et on fit prisonniers deux officiers supérieurs, plusieurs autres et 157 cavaliers.

Les rapports que Moore recevait de l'approche des corps français l'empêchèrent de tenter quelque entreprise contre Soult. Au bout de quelques jours, l'armée anglaise franchit l'Esla et se dirigea sur la Corogne.

Le 29 décembre, il y eut sur cette rivière, et non loin de Benavente, une affaire d'arrière-garde qui acheva de mettre dans tout son jour la différence entre les troupes anglaises et espagnoles. L'infanterie anglaise s'était déjà mise en marche pour Astorga; on avait rompu le pont de l'Esla, et un détachement de cavalerie commandé par le général Stewart et lord Paget était resté au bord de la rivière, lorsque le général Lefèvre-Desnouettes y arriva à la tête de trois escadrons de chasseurs de la garde. Celui-ci crut devoir faire une tentative hardie pour chasser l'ennemi des bords de la rivière; il la traversa à gué et chargea les postes anglais; mais on le reçut d'une façon tellement vigoureuse, que les chasseurs se hâtèrent de repasser l'eau, en laissant plus de cent des leurs sur le carreau et le général lui-même prisonnier.

Cet épisode n'a aucune importance en soi; nous ne le citons que pour faire voir comment les Français furent forcés de revenir à la prudence et à la modération, dès qu'ils rencontrèrent des troupes bien organisées et aguerries, tandis que jusqu'alors ils n'avaient eu qu'à se montrer audacieux et entreprenants. En comparant l'affaire de Benavente à celle de Somo-Sierra, on peut voir à quel point les résultats diffèrent suivant la qualité des adversaires qu'on a en tête.

Campagne de 1809.

En février 1809, le maréchal Soult envahit le Portugal, en y marchant de la Galice à la tête de 24,000 hommes d'infanterie et de 5,000 chevaux. Bien que la population de ce royaume ne le cédât point aux Espagnols pour la haine contre les Français, et que plusieurs corps se fussent formés pour défendre le terrain, déjà naturellement très difficile, les avant-gardes françaises n'eurent pas de peine à en nettoyer les routes. Le peu d'Anglais restés en Portugal se retirèrent. Les Portugais taxant cette prudence de trahison, assassinèrent à Braga, le 18 mars, le général Freyre, obligèrent le colonel Eben à prendre le commandement, et le forcèrent à livrer, le 19, une bataille qui se termina par la plus complète déroute. Tout s'enfuit du côté d'Oporto dans le plus affreux désordre ; les Français suivirent ; le 29, ils emportèrent de vive force les retranchements qui couvraient les abords de la ville ; leur cavalerie, s'élançant dans les rues, passa au fil de l'épée tout ce qui ne put franchir le Douro. Jusqu'à ce moment, le corps du maréchal Soult n'avait pas perdu 1,000 hommes.

Au même moment, le 28 mars, le maréchal Victor battait à Médellin le général espagnol Cuesta. La veille de la bataille, un régiment de la cavalerie française avait perdu environ 200 hommes, en poursuivant avec trop peu de prudence l'ennemi fugitif. Le général Lasalle était accouru, il est vrai, avec un autre régiment de sa division, pour dégager le premier ; mais le coup était porté, et les Espagnols, tout enorgueillis de ce succès de détail, se berçaient des plus belles espérances pour la bataille du lendemain à laquelle les deux armées se préparaient.

Bataille de Médellin.

Le 28, à midi, les Français commencèrent l'attaque. Une brigade de dragons, ayant chargé l'infanterie espagnole, fut repoussée avec perte et poursuivie par la cavalerie ennemie. Toute la ligne des Français se retira sur sa réserve, et les dragons se rallièrent sous la protection de la division Lasalle qui arrêta l'ennemi. Les Espagnols ne tardèrent pas à se convaincre que la victoire était loin d'être décidée, et leur triomphe prématuré fut suivi d'une confusion complète. Une seconde charge de la cavalerie française culbuta et dispersa celle des Espagnols ; leur infanterie lâcha pied aussitôt, et toute l'armée, forte de 30,000 hommes, fut mise en déroute par 12,000 Français, qui firent 9,000 prisonniers.

Le 27 mars, Sébastiani défit à Ciudad-Réal le corps du duc d'Infantado. Là encore, la cavalerie française se montra d'une manière très brillante : la division Milhaud franchit la Guadiana sous la protection d'une batterie de douze pièces, culbuta et dispersa l'infanterie espagnole, et pourchassa le corps jusque dans les défilés de la Sierra-Morena.

Après l'affaire de Médellin, Victor cantonna ses troupes dans l'Estrémadure, et Soult resta seul en Portugal, où les choses changèrent bientôt de face à son désavantage.

Le 22 avril, sir Arthur Wellesley débarqua à Lisbonne. Un corps composé de 16,000 Anglais et de 6,000 Portugais se dirigea sur Coïmbre, pendant qu'un autre corps, de 7,000 hommes, se portait à Abrantès pour observer la frontière orientale du Portugal. L'insurrection générale de tout le pays empêchait les communications. Soult fut obligé de battre en retraite, ne pouvant espérer ni d'être secouru par un autre corps français, ni de se maintenir seul en Portugal.

Wellesley passa le Duero le 12 mai, aux environs d'Oporto, pendant que le général Beresford marchait par Lamégo sur Amarante pour couper la retraite à l'ennemi. Soult fut contraint d'évacuer le royaume en abandonnant toute son artillerie et ses bagages ; il rejoignit le corps du maréchal Ney en Galice. Ces deux généraux ne tardèrent pas à quitter cette contrée afin de refaire un peu leurs troupes dans le royaume de Léon.

La conquête du Portugal, entreprise par une opération concentrique exécutée avec des corps placés à de grandes distances les uns des autres, contrairement au principe de Napoléon, était donc manquée. Le général anglais ne poursuivit point le corps de Soult au-delà de la frontière septentrionale du Portugal, préférant se joindre à l'armée espagnole du général Cuesta, pour marcher avec lui sur Madrid, le long du Tage.

A cette époque, où Napoléon se trouvait avec la majeure partie de ses forces sur le Danube, il y avait en Espagne environ 160,000 hommes répartis comme il suit : 40,000 dans l'Aragon, en Catalogne et dans les provinces orientales de l'Espagne; 10,000 à Madrid et dans le voisinage; 10,000 dans diverses places pour assurer les communications; 23,000 (Victor) sur le Tage, dans l'Estremadure; 18.000 (Sébastiani) dans la Manche; 60,000 (Soult, Ney, Mortier) en Léon, en Galice et en Castille.

Si donc l'armée anglo-espagnole voulait opérer contre Madrid en remontant le Tage, elle rencontrait d'abord le corps du maréchal Victor. On pouvait être certain que ce corps serait soutenu par les troupes placées aux environs de Madrid et dans la Manche; mais Wellesley espérait pouvoir remporter une victoire sur le Tage, avant que les troupes, qui se trouvaient dans le royaume de Léon et encore plus au nord, eussent le temps de rien entreprendre contre lui. En conséquence, il se décida à rejoindre, avec 19,000 hommes d'infanterie et 1500 cavaliers de troupes anglaises, l'armée espagnole de Cuesta (30,000 hommes d'infanterie et 7,000 chevaux), et de marcher avec lui sur Madrid, pendant que le général Vanegas se porterait sur Aranjuez avec 14,000 Espagnols, et que le général Wilson, avec 5,000 Portugais et Espagnols, tournerait la droite de l'ennemi et inquièterait ses derrières. Le maréchal Beresford, posté sur l'Aquéda avec 14,000 Portugais, et une brigade anglaise postée à Coria, étaient chargés de couvrir la frontière de Portugal, base de l'opération projetée.

Le 22 juillet, une armée de 57,000 hommes, Anglais et Espagnols, se trouvait sur l'Alberche, en face du corps de Victor. Le général anglais voulait attaquer ; mais il fut impossible de convertir le général espagnol à cette idée, quelque avantageuse que fût cette occasion de livrer bataille, tant à cause de la supériorité numérique de l'armée combinée, que parce que Wilson était parvenu à Escalona, sur les derrières de l'ennemi. Cuesta ferma l'oreille à toutes les raisons qui auraient dû le convaincre ; il s'endormit même, au rapport de Jones, au milieu de la conférence, et Victor put se tirer de sa position critique sans être seulement inquiété. Il opéra sa jonction avec Sébastiani à Tolède, où le roi Joseph se rendit également de Madrid avec quelques troupes, de sorte que le 25 il y eut 47,000 hommes réunis sur ce point ; Soult reçut également avis de ce qui se passait, et fut invité à marcher vers le Tage, par le défilé de Bagnos, avec Ney et Mortier (plus de 60,000 hommes en 80 bataillons et 30 escadrons).

Cependant Cuesta s'était porté sur Santa-Ollola, dans la direction de Madrid. Les Français, renforcés comme nous venons de le dire, allèrent à sa rencontre, anéantirent à Torrijos un détachement espagnol de trois régiments de cavalerie, et forcèrent Cuesta de reculer jusqu'à Talavera de la Reyna, où l'armée combinée repoussa, le 27 et le 28 juillet, les attaques des Français.

Bataille de Talavera.

Ni l'un, ni l'autre des deux partis ne se trouvaient, à cette bataille, placés dans des conditions qui permissent à la cavalerie d'obtenir des succès éclatants : le terrain, formé par les escarpements du plateau le long des bords du Tage et couvert sur le front de la position de plantations d'oliviers, était tout à fait contraire aux mouvements et à l'emploi de cette arme. La cavalerie anglaise ne comptait que 6 faibles régiments ; celle de Cuesta avait été de 7,000 chevaux, mais l'affaire de Torrijos lui avait porté un rude coup, et les brillantes charges de cavalerie n'étaient pas en général le côté fort des Espagnols. La cavalerie française se composait des deux divisions de dragons Latour-Maubourg et Milhaud et de la division légère de Merlin. La cavalerie anglo-espagnole était réduite à la défensive. Les généraux français comptaient principalement employer leur cavalerie, quand l'infanterie aurait frayé la voie. Il n'y avait donc pas d'action notable à attendre de la cavalerie ; néanmoins elle obtint, de part et d'autre, des succès assez importants. Nous en ferons mention, sans entrer dans les détails de la bataille qui dura deux jours.

Le 27, les Français ayant franchi l'Alberche dans l'après-midi et repoussé les avant-postes anglais, quelques régiments de dragons firent mine de vouloir charger le corps espagnol qui formait la droite de l'armée ennemie.

Cette armée était encore occupée à prendre ses dernières dispositions pour l'ordre de bataille, et le hasard fit coïncider avec l'approche des dragons français un mouvement de la cavalerie anglaise, placée derrière les Espagnols. L'idée que les Anglais reculaient, que la retraite était indispensable, excita dans la division espagnole une telle terreur panique, que 5,000 hommes se dispersèrent et s'enfuirent à toutes jambes à la seule vue d'un corps de cavalerie française. Les Français n'avaient nullement l'intention de faire sur ce point une attaque sérieuse; d'ailleurs, ils ne s'aperçurent point de l'épouvante qu'ils avaient jetée parmi l'ennemi, et ne purent, par conséquent, en profiter; leurs rapports, du moins, ne parlent point de ce fait. Mais Cuesta, indigné d'une conduite aussi lâche, voulut faire décimer cette division, et ce ne fut que sur l'intercession de Wellington qu'il se contenta de faire fusiller six officiers et une trentaine de soldats.

On trouve la contre-partie de ce succès, déterminé par la seule apparition d'un ennemi, dans un fait d'armes d'une brigade anglaise qui, dans la journée du 28, obtint, quoique au prix de pertes considérables, un avantage indirect, mais très important par ses conséquences.

Après avoir vainement tenté, à plusieurs reprises, de venir à bout des Anglais en les abordant de front, Victor se porta sur la droite, afin de les saisir par leur flanc gauche. La réalisation de ce projet aurait probablement entraîné la défaite de l'armée anglaise : afin de l'empêcher, le 22ᵉ régiment de dragons anglais et le 1ᵉʳ régiment de hussards de la légion allemande chargèrent les colonnes de l'infanterie française. Ces régiments s'élancèrent à bride abattue dans l'intervalle des deux colonnes, et mirent en déroute un régiment de chasseurs à cheval qui devait les soutenir. Quoique l'infanterie résistât à leur attaque et leur fît éprouver des pertes notables, ces deux régiments n'en arrêtèrent pas moins la manœuvre menaçante de l'ennemi, et donnèrent au général en chef le temps de renforcer cette partie de sa ligne de bataille. Cet exemple prouve clairement qu'une charge exécutée dans un moment opportun peut être d'une utilité extrême, lors même qu'elle n'atteindrait pas complètement son but immédiat. Mais il faut, bien entendu, que les troupes l'exécutent avec l'intention réelle de réussir : en effet, si les Anglais s'étaient contentés ici d'une tentative molle et sans énergie, il est probable que les Français n'en auraient tenu aucun compte.

La cavalerie espagnole (régiment del Rey) eut aussi un moment de succès à l'aile droite ; elle enfonça quelques bataillons du corps de Sébastiani, ébranlés déjà par des charges à la baïonnette, et s'empara de 12 pièces de canon.

On a reproché à lord Wellington de n'avoir pas su profiter de sa victoire ; mais on oubliait alors que ce général se voyait menacé en flanc par les 60,000 hommes de Soult; qu'il ne pouvait, dans une bataille rangée, compter avec assurance que sur ses Anglais, et que, par conséquent, c'eût été une entreprise excessivement difficile de pousser ses avantages avec aussi peu de forces contre un ennemi qui pouvait se présenter, au bout de quelques jours, avec une armée deux fois aussi nombreuse qu'elle ne l'avait été à Talavera. En outre, il s'éleva de grandes difficultés pour l'entretien et la subsistance des troupes anglaises, ce qui fit naître des mésintelligences entre les généraux. Mais si le reproche adressé à Wellington sur ce point ne nous semble pas fondé, nous croyons qu'on pourrait critiquer avec plus de raison la disposition première de toute l'opération. La diversion du général Vanegas, qui se porta sur Tolède après la bataille, était inutile et dangereuse; des ordres absurdes, émanés de la junte centrale, le conduisirent à une ruine totale; car, le 10 août, il fut complètement mis en déroute à Almonacid, non loin de Tolède. Au début de l'opération, il n'eût pas fallu détacher ce corps si loin; après la bataille, on eut tort de l'exposer isolément aux attaques d'un ennemi supérieur dont on pouvait aisément prévoir qu'il ne supporterait pas le choc. La responsabilité de ces dispositions n'appartient pas toutefois au général anglais. Après la bataille, Cuesta voulait marcher contre Soult. Nous n'examinerons pas si Wellington fit bien de ne pas s'engager dans cette entreprise, comme c'était d'abord son intention, avant qu'il eût été renseigné sur les forces de l'ennemi. Continuer à marcher sur Madrid avec Soult dans le flanc, c'eût été de l'extravagance, et les auteurs français, contrariés peut-être de cette prudence du général anglais, ont tort de l'en blâmer.

Au mois d'août, l'armée anglaise se retira sur Badajoz. Le général Ariezaga prit le commandement à la place de Cuesta, rassembla une armée de 56,000 hommes et marcha contre Madrid; mais, attaqué à Ocagna le 19 novembre, il y subit une défaite totale. Dans cette bataille, comme dans les précédentes, la cavalerie française fit valoir dans toute son étendue l'immense supériorité qu'elle avait sur une infanterie mal disciplinée, mal exercée et sans consistance. Quant à la cavalerie espagnole, elle tourna bride et s'enfuit presque sans donner un coup de sabre.

Au mois d'octobre, le duc del Parque attaqua près de Tamamès une division française détachée, et la rejeta jusqu'au-delà du Douro. Mais dans les derniers jours de novembre, ce général espagnol, après s'être avancé jusqu'au voisinage de Salamanque, fut attaqué à son tour près d'Alba-de-Tormès par le général Kellermann, qui mit le corps dans la plus complète déroute; les fuyards dispersés se rallièrent derrière la Coa, et se joignirent aux Anglais.

En Catalogne, la place de Girone fut prise par les Français au mois de décembre, après une glorieuse défense.

Telle fut en Espagne la fin de cette fameuse année que tous les ennemis de la puissance de Napoléon avaient inaugurée par de si grandes espérances. Tous leurs efforts n'avaient abouti qu'à consolider tellement sa domination sur le Danube et en Espagne, que la conquête de ce dernier pays, dont l'Angleterre seule soutenait encore la cause, paraissait devoir devenir irrévocable et complète, grâce à l'immense supériorité de forces qui allait être disponible pour pousser la guerre dans la Péninsule. Aussi les affaires de l'Espagne étaient-elles au début de l'année 1810, dans une situation des plus critiques. Le roi Joseph et Soult, qui venait d'être nommé major-général de l'armée française en Espagne, franchirent la Sierra-Morena au mois de janvier et envahirent l'Andalousie, à la tête des trois corps d'armée de Mortier, de Victor et de Sébastiani. Le 10 février, les Français parurent devant Cadix où s'étaient réfugiées les troupes espagnoles. La junte, qui jusqu'alors avait dirigé les affaires, fut dissoute et remplacée par une régence de cinq membres. En Catalogne, les Français se préparaient à faire le siége de Lérida. De nombreux renforts étant arrivés de France, l'armée formait au printemps une masse de 250,000 hommes. Joseph fit alors des propositions d'arrangement pacifique. Dans le parlement anglais, l'opposition éleva sa voix contre la continuation d'une guerre que ses orateurs, se fondant sur le mauvais résultat de l'expédition de l'Escaut en 1809, représentaient comme une lutte stérile, où se prodiguaient en vain le sang et l'or de l'Angleterre. Cependant les propositions de Joseph furent repoussées à Cadix, et on lui déclara qu'on ne reconnaissait d'autre roi d'Espagne que Ferdinand VII; à Londres, le parlement résolut de porter à 30,000 hommes l'armée anglaise de Portugal, et vota un million sterling pour les frais de la guerre. Les troupes portugaises se joignirent aux troupes anglaises, et ces bandes indisciplinées se transformèrent bientôt en excellents soldats, qui rivalisèrent glorieusement avec leurs alliés en plus d'une occasion, et notamment à la bataille de Busaco, le 27 septembre.

Un récit circonstancié de toute la lutte, nous le répétons, n'est pas dans notre plan; et cependant, pour cette campagne, on peut moins que pour toute autre se contenter d'effleurer par une esquisse légère les principales opérations pour avoir une idée juste du caractère de cette guerre; ce sont précisément les nombreux détails qui la caractérisent. Néanmoins cette guerre est intéressante à notre point de vue, sous deux rapports :

D'abord, nous voyons la cavalerie française, pendant les premières campagnes, remporter en toute occasion des succès inouïs, qui s'expliquent par le décousu, la lourdeur, l'inexpérience et la mauvaise organisation de l'ennemi, et par la faiblesse, l'inconsistance qui en étaient nécessairement la suite. La proportion ordinaire de la faculté de résistance des différentes armes était tellement absorbée par la supériorité du soldat français sur le soldat espagnol, que les dragons français, qu'on ne mettait pas alors au rang de la meilleure cavalerie, chargeaient avec une confiance absolue et mettaient en déroute les troupes espagnoles de toutes armes, partout où ils pouvaient les atteindre.

Plus tard, nous voyons cette supériorité disparaître entièrement devant les troupes anglaises d'abord, et ensuite devant les Portugais. Dès les premières rencontres, le vainqueur que tant de succès avaient rendu présomptueux, put s'apercevoir de la différence qu'il y avait entre ces nouveaux adversaires et les bandes incohérentes de l'insurrection espagnole. D'un autre côté, les difficultés de terrain, dont on s'était habitué à ne plus tenir aucun compte, comme, par exemple, à Somo-Sierra, reprirent leur importance dans beaucoup d'occasions. Pendant toute la guerre, jusqu'en 1813, la cavalerie anglaise resta relativement peu nombreuse ; celle des Français se fondit considérablement dans le cours des campagnes successives, et Wellington savait d'ailleurs éviter de lui donner prise. Il s'en suivit que l'action de la cavalerie fut restreinte à des limites beaucoup plus étroites, quoiqu'il se présentât encore des circonstances, comme par exemple, à Talavera, où cette arme rendit des services considérables. C'est sur ces épisodes que nous porterons spécialement notre attention, en laissant de côté tous les autres événements, dont nous ne dirons que ce qui sera indispensable pour avoir un aperçu général suffisant.

Nous passerons donc sous silence toute la guerre de Catalogne et de Valence, le blocus de Cadix et la bataille de Chiclana (Borosa), ainsi que l'expédition de Masséna en Portugal, qui s'arrêta devant les lignes de Torrès-Vedras, et se termina, après la bataille de Fuentès-de-Honor, le 30 mai 1811, par la retraite des Français. Disons seulement, en passant, que l'infanterie et l'artillerie anglaises résistèrent vaillamment, dans la journée de Fuentès, aux attaques de la division de cavalerie du général Montbrun, qui y perdit 500 chevaux.

Campagne de 1811.

Bataille d'Albuhera.

Au mois d'avril 1811, pendant que Wellington, à la tête de l'armée principale, était occupé dans le voisinage d'Alméida, le général Beresford alla mettre le siége devant Badajoz avec un corps composé de troupes anglaises, portugaises et espagnoles. Soult, qui s'était porté à Séville pour soutenir Victor que les Espagnols avaient forcé d'abandonner Cadix, revint sur ses pas en voyant que l'ennemi ne poursuivait pas ses avantages et s'était retiré de nouveau dans l'île de Léon. A son approche, Beresford leva le siége de Badajoz et se porta à sa rencontre jusqu'à Albuhera. Il avait sous ses ordres une armée de 32,000 hommes, dont 2,500 hommes de cavalerie, avec 32 bouches à feu. A ces forces, le maréchal Soult ne pouvait opposer que 20,000 hommes; mais il avait 4,000 chevaux et 40 bouches à feu, et son infériorité numérique ne l'empêcha point d'attaquer les alliés, afin de sauver l'importante place de Badajoz qu'on venait seulement de prendre au mois de mars.

La bataille s'engagea le 16 mai. Le général Beresford, averti de l'approche des Français, avait pris ses dispositions pour recevoir leur attaque dans une position bien choisie et en bon ordre; cependant une partie de ses troupes était encore en marche du côté de Badajoz, et n'arriva qu'après que le combat eût déjà commencé. L'aile gauche était couverte par la ville d'Albuhera, que ses habitants avaient abandonnée. La route de Santa-Martha à Badajoz, après avoir traversé la ville et franchi un ruisseau, monte sur une hauteur à pente douce. C'est sur cette hauteur, dont le prolongement court jusqu'à Badajoz, que l'armée combinée s'était rangée sur deux lignes. L'aile droite n'avait aucun obstacle local pour se couvrir; car, pour en trouver la possibilité, il eût fallu étendre démesurément la ligne de bataille. Les Espagnols étaient à la droite, les Anglais au centre, les Potugais à la gauche; des troupes légères anglaises occupaient Albuhera. La cavalerie, d'abord distribuée derrière la ligne de bataille, fut ensuite amenée vers la droite dans le cours de la bataille, à l'exception de quelques escadrons portugais.

Soult reconnut bientôt que la droite de l'armée combinée offrait à l'attaque les chances les plus avantageuses. D'abord, c'était de ce côté que la position des Alliés était le plus facilement abordable; ensuite, si l'attaque réussissait, on pouvait gagner la route de Badajoz, couper ainsi à l'armée combinée sa ligne de retraite, la refouler sur la Guadiana et la placer dans une position excessivement critique, entre l'armée française et la place. En raison de ces circonstances, Soult résolut de faire marcher contre le front de la position ennemie une division d'infanterie et une brigade de cavalerie légère qui franchiraient le ruisseau d'Albuhera, pendant que deux divisions d'infanterie et dix régiments de cavalerie attaqueraient la droite de l'armée combinée.

Cette idée ne fut exécutée qu'à moitié, grâce à la bravoure des Anglais, aux mesures parfaitement conçues des chefs de l'armée combinée et aussi à la grande supériorité numérique de leur infanterie, presque deux fois aussi nombreuse que celle des Français. Du reste, les rapports français attribuent une partie de leur mauvais succès à la lenteur et à la tiédeur de la division de droite (général Godinot) qui traita trop en fausse attaque la manœuvre secondaire dont elle était chargée, et ne répondit nullement, dit-on, aux intentions du maréchal. Le 5e corps, placé par intérim sous le commandement du général Girard, passa le ruisseau au-dessus d'Albuhera, et se porta sur deux colonnes serrées en masse contre la droite des Alliés. Ceux-ci se virent forcés par cette attaque de changer la direction de leur front de bataille en faisant converser en arrière l'aile attaquée. Ce fut alors que la cavalerie française donna, lorsque les Espagnols avaient déjà perdu beaucoup de monde dans un engagement très vif, et au moment où deux divisions anglaises arrivaient à leur secours. Une forte averse favorisa cette charge qu'un régiment de lanciers polonais, le 2e et le 10e hussards exécutèrent de la manière la plus brillante, culbutant une brigade d'infanterie anglaise, enlevant une batterie et faisant 600 prisonniers. L'infanterie du général Girard faisait également des progrès, et la victoire semblait se déclarer pour les Français. Mais les autres brigades des deux divisions anglaises rétablirent bientôt le combat : sous leurs feux, les colonnes françaises se mirent à tourbillonner confusément, les bataillons quittant successivement la tête des colonnes, exposée en face et en flanc à des décharges meurtrières. Les braves lanciers polonais et les hussards français étaient occupés en ce moment à mettre en sûreté leurs prisonniers, dont la majeure partie leur échappa, et à emmener la seule pièce de canon qu'ils ne furent pas obligés de laisser sur le terrain. Quant au reste de la cavalerie, les relations n'expliquent pas d'une manière satisfaisante pourquoi elle ne continua pas l'action si glorieusement commencée par les trois premiers régiments.

Suivant Lapêne, le 20ᵉ dragons aurait pris part à ce fait d'armes. Les rapports français n'en font aucune mention ; mais les rapports français, anglais et espagnols s'accordent tous à dire que les lanciers polonais y eurent la meilleure part. Le gros de la division de dragons Latour-Maubourg, de six régiments, ne donna point dans cette occasion. Ce qui explique souvent pourquoi une charge heureuse n'a pas eu tout le résultat qu'elle eût pu produire, c'est que les troupes qui ont donné le premier choc se disloquent soit par la poursuite du vaincu, soit par la nécessité de ramener les prisonniers, qu'elles sont pour le moment hors d'état de combattre et que des troupes fraîches pour soutenir et pousser l'attaque des premières ne se trouvent pas à portée. Cela n'arrive que trop facilement, lorsque les régiments sont disséminés sur divers points du champ de bataille et qu'il faut les faire venir de loin pour les faire agir sur le point voulu Mais dans le cas qui nous occupe, il ne semble pas que cet inconvénient ait empêché d'engager le gros de la cavalerie française. En effet, l'espace où l'engagement eut lieu n'avait pas 1,500 pas de long, et toute la cavalerie française, sauf la brigade du général Briche, se trouvait dans le voisinage du point où les Polonais avaient chargé : le maréchal Soult, par une disposition habile, avait concentré la masse de sa cavalerie vers le point où il se proposait de l'employer, et n'avait laissé à sa droite que deux régiments de chasseurs.

Les dragons français rendirent à leur tour un service signalé. L'attaque des Français contre la droite des Alliés ayant été repoussée, les dragons restèrent dans l'intervalle qui séparait le 5ᵉ corps de la division Godinot, afin de couvrir l'artillerie qui contenait l'ennemi et protégeait la retraite de l'infanterie. Sans la brave contenance de cette cavalerie et de cette artillerie, l'échec de l'infanterie aurait bien pu se changer en une défaite totale. La cavalerie anglaise, trop inférieure en nombre et sans cesse observée par la cavalerie française, ne fit rien qui mérite d'être remarqué.

On a voulu mettre cette bataille au nombre des victoires des Français; mais il est évident que ce fut une affaire sans résultat, le maréchal Soult n'ayant point atteint son but, puisque les Anglais n'en recommencèrent pas moins le siège de Badajoz, et le général Beresford, de son côté, n'ayant pas eu un avantage assez décidé pour y rattacher d'autres succès. La France est assez riche en trophées pour ne point revendiquer la victoire lorsque ses ennemis on eu la gloire de résister à ses armes. A Albuhera, aucun des deux partis ne fut victorieux; mais si le résultat fut aussi négatif, il n'en faut accuser sans doute que l'infériorité numérique des Français. Les dispositions du maréchal Soult étaient bonnes, et le début du combat fut même très brillant, puisque 700 cavaliers (1) environ culbutèrent du premier choc 1,500 hommes d'excellente infanterie.

Combat d'Usagre.

Du champ de bataille d'Albuhera, le maréchal Soult se retira sur Llerena, d'où il comptait observer les mouvements ultérieurs de l'ennemi, et se maintenir en communication avec Séville aussi bien qu'avec Cordoue. Le 24 mai (2), le général Latour-Maubourg se porta sur la route de Zafra, dans la direction de Badajoz, avec sa division de dragons et la cavalerie légère du général Briche. Non loin de Zafra, sur une hauteur, se trouve le village d'Usagre; au pied de la hauteur un pont est jeté sur un ruisseau dont les rives escarpées et inabordables ne permettent point de passer ailleurs que sur ce pont. Le général Latour-Maubourg, qui arriva à Usagre, détacha sur sa droite le général Briche avec sa cavalerie légère, avec ordre de tourner le défilé en faisant un détour, et d'éclairer la rive opposée avant qu'on ne franchît le pont. Cepen-

---

(1) Les régiments français avaient tous un effectif très faible, surtout dans la cavalerie. Le premier régiment de lanciers polonais comptait 350 chevaux; aucun régiment n'en avait plus de 400, et plusieurs même étaient réduits à 150.

(2) Voyez Lapène, *Conquête de l'Andalousie.*

dant la 1re brigade de la division de dragons (3e et 20e régiments) n'attendit pas le résultat de cette reconnaissance, et se mit en devoir de passer la rivière. Mais à peine le premier régiment a-t-il défilé par le pont, qu'on voit paraître tout à coup le général Lumley avec de la cavalerie anglaise et portugaise qu'on n'avait pas aperçue jusque-là. Le second régiment se hâta de franchir à son tour le pont étroit pour courir au soutien du premier ; mais l'un et l'autre sont culbutés. Un troisième régiment de dragons (le 26e) qui veut également traverser le ruisseau, encombre le pont au moment même où les deux régiments battus s'y précipitent en désordre pour se sauver. L'artillerie à cheval des anglais tire à mitraille sur cette masse confuse et quelques pièces françaises, mises en batterie auprès du village, ne purent remédier au mal. Dans ce moment critique, Latour-Maubourg ordonna au 14e dragons, de la 2e brigade, de mettre pied à terre, et de se jeter en tirailleurs dans les jardins voisins du pont, afin de protéger ainsi la retraite de la 1re brigade. Celle-ci, jetée dans le péril par l'imprudence de son chef qui avait passé le défilé sans éclaireurs, n'en échappa que toute mutilée et toute sanglante, ayant laissé 400 hommes et autant de chevaux sur le théâtre du combat.

On ne peut que louer l'énergique parti que prit ici Latour-Maubourg, quand il vit que les chevaux et l'arme blanche devenaient inutiles. Mais il aurait mieux valu certainement faire mettre pied à terre à un demi-régiment, avant de franchir le défilé, afin de soutenir un détachement qu'on eût envoyé en avant, et qui, lui-même, se serait fait précéder d'une patrouille d'éclaireurs. En découvrant l'ennemi, une patrouille aurait regagné le pont sans danger. Dans la guerre incessante contre les guérillas espagnoles, les cavaliers français se sont fréquemment trouvés dans la nécessité de se défendre à pied et à coups de fusil; le même cas se présente aussi quelquefois dans d'autres guerres, et c'est incontestablement un avantage pour une troupe à cheval que son organisation lui permette d'agir de la sorte. Mais on ne saurait cependant regarder ce genre de combat comme propre à cette arme; il faut seulement que la cavalerie, dans un cas donné, sache faire de nécessité vertu, chose trop souvent indispensable dans les mille combinaisons diverses que la guerre peut offrir.

Un mois après l'affaire d'Usagre, le 23 juin, les Français vengèrent à Elvas l'échec du 24 mai, en punissant par une défaite du même genre l'imprudence d'un régiment anglais.

Le reste de la campagne de 1811 n'offrant rien de particulièrement intéressant à notre point de vue, nous nous abstiendrons d'en parler, quelque importante qu'ait été d'ailleurs cette période, qu'on peut considérer comme la plus brillante pour la guerre des guérillas; disons seulement que l'élite de la dernière armée espagnole disparut, le 9 janvier 1812, par la capitulation de Valence, après que le général Suchet se fut emparé de Tarragone dans le cours de l'été, et eut repris la place de Figueras, qu'un parti espagnol avait enlevée par surprise.

L'état de guerre cependant était permanent dans tout le royaume. Joseph, qui voyait parfaitement que cet état de choses se terminerait par la ruine complète du pays, eût bien voulu se réconcilier avec le gouvernement de Cadix, mais c'était là un rêve irréalisable.

Les cortès, de leur côté, prirent à cette époque une résolution importante. Ils décidèrent à une forte majorité que le commandement général de toutes les forces militaires ne pouvait être confié à Wellington, en raison de sa qualité d'étranger. Peut-être, si l'avis contraire avait prévalu, la guerre aurait-elle pris une tout autre allure, ne fût-ce qu'à cause des avantages inhérents à l'unité de direction. Ce qui est certain, c'est que ni la junte centrale, ni la régence, ni les cortès n'eurent jamais assez d'influence ou d'autorité pour diriger la guerre. Il s'en suivit que les forces du royaume et les puissants secours de l'Angleterre furent très souvent prodigués, au lieu d'être employés suivant un plan convenable et bien combiné; que les opérations militaires étaient la plupart du temps conçues et exécutées sans ensemble; que l'organisation des troupes, n'étant soumise à aucune influence commune, restait infiniment au-dessous de celles des troupes portugaises; que les généraux, quand ils voulaient bien admettre des supérieurs, leur obéissaient rarement, et que les ordres qu'on leur donnait ne portaient aucun fruit. Confusion déplorable, dont la conséquence naturelle était de favoriser uniquement la guerre des partisans, qui, ne reconnaissant aucune autorité au-dessus d'eux, faisaient la guerre pour leur propre compte, mais sans avancer d'un seul pas le résultat final, malgré les expéditions hardies et quelquefois remarquables, par lesquelles ils harcelaient et tourmentaient les Français.

IV. Campagne de 1812.

L'année 1812, cette année fatalement marquée par Celui qui préside au destin des nations ; cette année, qui, témoin des désastres inouïs de l'expédition de Russie, vit porter le premier et le plus terrible coup à la puissance désormais chancelante de Napoléon ; cette année marqua aussi pour la guerre d'Espagne une période extrêmement importante.

L'empereur des Français conçoit le projet de fondre sur la Russie à la tête d'une armée comme l'Europe n'en avait jamais vu, et de régler les destinées de l'Orient à la tête de 500,000 combattants. Pour se faire une idée juste de ce plan colossal, il suffit de se rappeler que l'empereur regardait alors comme une affaire secondaire la lutte qu'il avait à soutenir en Espagne, et que cette lutte cependant occupait à elle seule une armée de 170,000 hommes. Telles étaient les gigantesques proportions qu'avait prises la *seconde guerre de Pologne,* comme l'empereur appelait l'expédition projetée, qu'une armée de 170,000 hommes, luttant contre une nation de 20 millions d'âmes, était considérée comme un hors-d'œuvre.

Une conséquence immédiate et directe de l'expédition de Russie fut la diminution de la puissance française dans la Péninsule ibérique, diminution qui résulta moins d'une réduction numérique des armées, que de l'affaiblissement de leur qualité intrinsèque. Plusieurs généraux, dont quelques-uns des plus distingués, furent rappelés pour prendre des commandements dans la Grande-Armée. Certains régiments furent retirés tout entiers ; à d'autres, on enleva une partie de leurs meilleurs soldats. La cavalerie surtout, et c'est là le point qui nous intéresse particulièrement, subit des réductions considérables. Plusieurs régiments de cavalerie légère, et ceux des régiments de dragons qui devaient être transformés en lanciers, repassèrent les Pyrénées. L'élite des autres fut employée à remplir les cadres de la garde impériale à laquelle on réunit aussi les lanciers polonais qui jusqu'alors avaient combattu en Espagne avec tant de gloire sous le nom de *régiments de la Vistule*. Ceux qui restaient enviaient le sort de ceux qui partaient; nul, sans doute, n'eût deviné alors que ces élus dont on se montrait jaloux, trouveraient dans les plaines glacées du nord un trépas affreux, et que leurs frères d'armes laissés en Espagne formeraient, dans les campagnes suivantes, l'élite de la cavalerie des nouvelles armées françaises.

Lorsqu'éclata la guerre contre la Russie, Napoléon avait formé le dessein, dit-on, de ramener jusque sur l'Ebre son armée d'Espagne. Une proposition faite au printemps, de consentir à un arrangement entre les cortès et Joseph, et de reconnaître l'indépendance du royaume, semble indiquer du moins qu'il aurait été bien aise, à cette époque, de mettre un terme à une guerre qui gênait l'exécution de ses autres projets. Le cabinet anglais ayant déclaré qu'il ne reconnaissait d'autre roi d'Espagne que Ferdinand VII, cette réponse rompit la négociation. Néanmoins, on espérait que la prise de Valence briserait les forces de l'Espagne, et que l'armée anglaise se bornerait, comme par le passé, à défendre le Portugal. Les troupes françaises restèrent donc réparties comme il suit :

— En Andalousie, 58,000 hommes commandés par le maréchal Soult (armée du Sud).

— Dans le royaume de Léon, 55,000 hommes sous le maréchal Marmont (armée de Portugal),

— Dans la Vieille-Castille, 10,000 hommes sous le général Souham (armée du Nord),

— Dans l'Aragon, le royaume de Valence et la Catalogne, 40,000 hommes sous les ordres du maréchal Suchet ;

— Enfin à Madrid et dans d'autres garnisons, 10 à 15,000 hommes (armée du centre) commandés par le roi Joseph en personne, et de fait par Jourdan, et comprenant les troupes de Joseph, composées d'étrangers et de transfuges espagnols (*juramentados*).

La prise de Valence avait porté un rude coup à la résistance de la nation espagnole, dont les cortès étaient incapables de ranimer l'ardeur et le courage. En outre, les colonies de l'Amérique, qui avaient fourni au commencement de la guerre des sommes considérables, se détachaient de la mère-patrie, qui avait elle-même rompu leurs antiques liens par la fameuse constitution proclamée le 19 mars. Les guérillas fatiguées luttaient avec moins d'énergie ; d'ailleurs, plusieurs villes en réclamaient hautement la suppression, et il se forma même des gardes urbaines pour repousser par la force les partisans, à qui leurs excès et leurs brigandages, compagnons inséparables de l'indiscipline, avaient attiré cette réprobation.

Outre les troupes renfermées dans l'île de Léon et les guérillas répandues sur divers points du royaume, il existait, au printemps de l'année 1812, trois corps espagnols dont la coopération était acquise à l'armée anglo-portugaise. C'étaient le corps de don Carlos d'Espana, fort de 4 à 5,000 hommes, un corps de même force à peu près sous les ordres de Morillo, et enfin l'armée de Galice qui, en voie de formation à cette époque, s'empara dans le cours de la campagne de la place d'Astorga. Un autre corps de 6,000 Espagnols s'organisait à Majorque et devait, réuni aux débris de l'armée d'Arragon, et soutenu par 10,000 Anglais tirés de la Sicile, opérer contre l'armée de Suchet dans l'ouest de l'Espagne.

L'armée placée sous les ordres de lord Wellington comptait environ 58,000 hommes, y compris 4 à 5,000 Portugais et autant à peu près d'Espagnols. Le gros de ces forces était au nord du Tage; un corps de 14 à 15,000 hommes, sous les ordres du général Hill, se trouvait au sud de ce fleuve, sur la limite de l'Estremadure espagnole et portugaise. Non-seulement les pertes de la campagne précédente avaient été réparées, mais l'armée avait même été renforcée; la cavalerie, notamment, avait vu son effectif augmenté de 3000 chevaux, entre autres de plusieurs régiments allemands qui trouvèrent bientôt l'occasion de se distinguer (1).

Ainsi, tandis que les Français voyaient affaiblir la cavalerie de leur armée d'Espagne, les Anglais renforçaient la leur. Il en résulta que la cavalerie anglaise acquit une supériorité qui se manifesta très visiblement à la bataille de Salamanque.

Lord Wellington ouvrit la campagne en mettant le siége devant Ciudad-Rodrigo. Le 8 janvier, on ouvrit la tranchée; le 19, la place fut emportée d'assaut. Le maréchal Marmont ne se hâta pas assez de concentrer son armée à Salamanque et de courir au secours de cette place importante. Il fut arrêté par la nouvelle de sa chute.

(1) Jones affirme qu'au mois de mai 1812 l'armée anglaise en Portugal comptait 42,289 hommes d'infanterie, 7,558 de cavalerie et 3,322 d'artillerie.

Le général anglais, au contraire, loin de s'arrêter à ce succès, y rattacha immédiatement celui d'un second projet. Il prit dans le plus grand secret ses dispositions pour attaquer Badajoz, parut tout à coup devant cette place le 16 mars, après une marche rapide, et l'emporta le 6 avril, après une lutte meurtrière. Ici encore l'armée française arriva trop tard pour secourir la forteresse. Le maréchal Soult, parti de Séville le 1ᵉʳ avril, apprit le 8, à Villa-Franca, que Badajoz était au pouvoir de l'ennemi, et retourna sur ses pas. Un corps anglais le suivit; la cavalerie anglaise, commandée par sir Stapleton-Cotton, battit la cavalerie française le 11, dans un engagement d'arrière-garde sans importance, livré près de Llerena.

Le gros de l'armée anglaise ayant repassé sur la rive droite du Tage, et le corps du général Hill ayant enlevé et détruit le 19 mai le pont retranché d'Almaraz, Wellington se porta sur Salamanque au mois de juin. Un assaut, livré à cette place le 23 juin, fut repoussé; un nouvel assaut, livré le 27, eut un plein succès et mit la place aux mains des Anglais. Dans les premiers jours de juillet, l'armée anglaise alla chercher celle de Marmont qui, après avoir essayé en vain de dégager Salamanque, avait pris position derrière le Duero, dans le voisinage de Tordésillas, attendant un renfort d'une division d'infanterie et de 1,000 chevaux.

Les deux armées restèrent en face l'une de l'autre jusqu'au 17 juillet, s'observant mutuellement. Ce jour-là, les Français passèrent sur la rive gauche du Duero, et se portèrent à Nova-del-Rey, d'où ils marchèrent contre le flanc droit des Anglais, vers la Guarena. Grâce à une marche rapide, exécutée la nuit, les divisions anglaises de la droite échappèrent au péril dont les menaçait la manœuvre de l'ennemi; l'armée se concentra à Castrillo, sur la rive gauche de la Guarena. Le 19, Marmont essaya une attaque contre la gauche des Anglais ; mais il y renonça et se retira le 20 en appuyant sur sa gauche pour gagner les bords du Tormès et menacer la ligne de retraite de l'ennemi. Wellington suivit ce mouvement en prenant par sa droite, et les deux armées marchèrent l'espace de six lieues sur deux lignes parallèles, les Anglais dans la vallée de la Guarena, les Français le long de la berge de la vallée, séparés par un intervalle d'un millier de pas, constamment prêts à se battre, sans qu'on en vînt cependant aux prises. Quelques coups de canon seulement interrompaient de loin en loin le silence, au milieu duquel les troupes, préoccupées de l'imminence des événements, exécutaient leur mouvement. Cette manœuvre singulière, dont les guerres modernes n'offrent que de très rares exemples, prouve assez qu'il y avait entre les deux armées, de leur propre aveu, un équilibre qui existe rarement dans la réalité, quoique la théorie l'admette en règle générale, quand les quantités numériques se balancent à peu de différence près.

Bataille de Salamanque.

Le 21, les deux armées franchirent le Tormès, les Français à Huerta et à Alba-de-Tormès, les Anglais à Santa-Martha et à Salamanque. Le 22, elles se trouvaient en présence auprès des Arapiles.

Ce nom est celui de deux mamelons qui dominent le village d'Arapiles, placé au bord d'un ruisseau qui se jette dans le Tormès non loin de Salamanque, après avoir parcouru depuis les Arapiles une vallée peu profonde, unie, et de plus en plus spacieuse à mesure qu'on avance vers le sud. C'est cette vallée qui servit de champ de bataille; l'un des deux mamelons, dont les Français s'emparèrent, et qu'ils couronnèrent de quelques pièces de canon, était le point d'appui de leur aile droite. L'armée française était de 45 à 48,000 hommes, dont 5,000 de cavalerie (7 divisions d'infanterie, 1 division de dragons et 1 division de cavalerie légère); celle des Alliés, y compris 4,000 Espagnols et autant de Portugais, s'élevait également à 48,000 hommes environ, mais elle avait 4,000 chevaux.

La matinée se passa sans engagement sérieux. A une heure de l'après-midi, les Français commencèrent l'attaque. Les documents nous manquent pour un récit circonstancié de la bataille ; mais les rapports qui existent, tant anglais que français, s'accordent à dire que la cavalerie alliée eut une grande part à la victoire. Quant à la cavalerie française, elle ne se montre sous un jour favorable ni pendant la bataille, ni pendant la retraite; la période de ses brillantes actions dans cette guerre était passée.

L'intention du maréchal Marmont paraît avoir été, après s'être assuré pour son aile droite un très bon point d'appui par l'occupation de l'un des Arapiles, d'étendre sa gauche, de repousser la droite de l'ennemi, et de gagner par cette manœuvre la route de Salamanque à Ciudad-Rodrigo. L'exécution de ces dispositions obligea l'armée française de s'allonger outre mesure. Le général Thomiers, avec sa division, outrepassa, dans son audace irréfléchie, les instructions qu'il avait reçues, et s'étendit sur la gauche encore plus loin qu'il ne devait. Wellington le fit attaquer par quatre divisions d'infanterie et la plus grande partie de sa cavalerie. La cavalerie légère française, qui se trouvait à cette aile, fut culbutée par celle des Alliés; celle-ci exécuta ensuite sous les ordres de Stapleton-Cotton et de Lemarchant, une charge sur l'infanterie française; la division du général Thomiers n'y put résister; elle fut rompue et presque anéantie; le général lui-même fut tué. La droite, formée par la division Bonnet, sur l'Arapiles, par la division Foy et par quatre régiments de dragons, opposa aux efforts de l'ennemi une vigoureuse résistance. Marmont y fut blessé, et remit le commandement au général Clausel qui le conserva malgré une blessure que lui-même reçut au bout de peu de temps. L'armée française se replia sur Alba-de-Tormès, ayant perdu près de 10,000 hommes, 11 bouches à feu et 2 aigles; les Alliés avaient environ 6,000 morts et blessés.

Le lendemain, les Français continuèrent leur mouvement rétrograde sur Penaranda, dans la direction de Madrid. Le général Foy formait l'arrière-garde avec une division d'infanterie de quatre régiments et les deux divisions de cavalerie. La cavalerie alliée l'atteignit au village de Garci-Hernandez, et l'attaqua sur-le-champ. La cavalerie française, cédant au premier choc, abandonna son infanterie qui se hâta de se former en carrés. Le général Bock, à la tête d'une brigade anglo-allemande, enfonça le premier carré, formé par le 6e léger et par le 1er bataillon du 76e de ligne, sabra près de 400 hommes et fit 900 prisonniers. Les deux autres carrés continuèrent leur retraite; mais celui où se trouvait le général Foy résista seul à toutes les attaques, la cavalerie anglaise, arrêtée par la bonne contenance et les feux bien nourris de cette troupe, n'osait la charger à fond ; le troisième carré partagea le sort du premier. Cependant la perte considérable essuyée par l'ennemi prouve que l'infanterie française ne s'était point laissé rompre sans une vaillante défense.

L'infanterie anglaise était trop en arrière pour prendre part au combat. Le gros de l'armée française s'arrêta pour protéger son arrière-garde. Heureusement pour celle-ci une brigade de cavalerie et une batterie à cheval de l'armée du Nord arrivaient en ce moment sur le champ de bataille. Ce renfort, survenu si à-propos, mit un terme au succès des Alliés, et obligea leur cavalerie de se contenter de l'avantage qu'elle avait remporté, sans lui permettre de le poursuive.

Pendant que ces événements se passaient, le roi Joseph avait concentré des troupes de l'armée du Nord et de celle du centre, pour soutenir Marmont. Mais ces forces se replièrent après la défaite du maréchal, et Wellington rencontra peu d'obstacles jusqu'à Madrid, où il fit son entrée le 12 août. Joseph se dirigeait cependant vers le sud, afin de se rapprocher de l'armée d'Aragon et du maréchal Soult qui, au mois de juillet, avait fait un mouvement contre le corps de Hill, mais était revenu sur ses pas sans risquer une attaque. Après la bataille de Salamanque, Soult évacua aussi Séville, et se concentra sur Grenade, où fut également ramené le corps chargé du blocus de Cadix qu'il fallut abandonner, et que des adversaires résolus n'auraient pas souffert si longtemps. A la fin de septembre, Soult arriva à Iécla, dans le royaume de Murcie, d'où il communiquait avec l'armée de Suchet. Durant toute sa marche, il n'avait point été inquiété par les Espagnols.

Tandis que Wellington marchait sur Madrid, l'armée de Portugal, commandée alors par le général Clausel, s'était arrêtée et avait réoccupé vers la mi-août la ville de Valladolid, qu'elle avait abandonnée quelque temps auparavant. Un détachement, expédié au secours d'Astorga, arriva trop tard pour sauver cette place qui était au pouvoir de l'armée espagnole de Galice. Le 1er septembre, Wellington quitta Madrid pour se porter sur Valladolid. Le général Clausel se mit en retraite sur Burgos le 5, opéra sa jonction avec Souham, et lui remit le commandement de l'armée, qui prit position, le 19 septembre, à Brivesca, laissant dans la citadelle de Burgos une garnison de 2,000 hommes. Le corps espagnol qui s'était emparé d'Astorga, opéra devant Burgos sa jonction avec l'armée combinée qui, après avoir vainement donné l'assaut à la citadelle, en fit le siége jusqu'au 22 octobre. Mais, menacée par l'armée française du sud, il lui fallut abandonner le siége et battre en retraite pour le Portugal. Joseph rentra à Madrid ; Soult prit son quartier-général à Tolède.

La jonction des deux armées rendit à la cavalerie française une certaine supériorité sur celle des Alliés ; mais cette supériorité devint décisive surtout après la jonction avec Soult sur le Tormès. Là cependant s'arrêta la poursuite ; du moins on n'envoya plus à la suite de l'armée anglaise que des détachements. Pendant toute leur retraite, les Alliés n'avaient guère perdu plus de 1,000 hommes.

Nous ne parlerons pas davantage de cette campagne, et nous dirons quelques mots seulement de la campagne suivante, qui mit fin à la guerre de la Péninsule.

Les six semaines de trève, qui suivirent la rentrée de l'armée combinée en Portugal, avaient été activement employées par les Anglais à renforcer et à refaire leur armée, de sorte qu'au printemps 1813 elle se remit en campagne plus nombreuse que dans aucune autre campagne antérieure : elle comptait 65,000 hommes d'infanterie, 3,000 hommes d'artillerie avec 100 bouches à feu, et 8,000 hommes de cavalerie. Une grande partie de l'Espagne, il est vrai, était retombée au pouvoir des Français; mais l'Andalousie était libre, et la victoire de Salamanque avait ranimé l'espérance et l'énergie des Espagnols; 75,000 hommes environ étaient sous les armes formant 7 corps d'armée; 40,000 étaient destinés à renforcer l'armée de Wellington, qui atteignait ainsi un effectif de 110 à 115,000 hommes.

L'armée française d'Espagne était forte de 100,000 hommes environ, dont 25,000 à peuprès dans le royaume de Valence et dans l'Est, et 70,000, sous les ordres de Joseph, en Castille et Léon, où le Duero formait leur principale ligne de défense. Le départ de nombreux détachements, rappelés en France pour y renforcer l'armée avec laquelle Napoléon franchit le Rhin au printemps, avait réduit considérablement l'armée française de la Péninsule, et l'on ne pouvait se flatter de recevoir aucun renfort. Le 29.º bulletin de la Grande-Armée avait appris à l'Espagne que la puissance qui jusqu'alors avait dominé l'Europe, était ébranlée jusque dans ses fondements; les partisans de la domination française furent plongés dans le découragement, tandis que ses ennemis y puisèrent une nouvelle ardeur; aussi cette campagne, si intéressante qu'elle soit isolément, n'est qu'un supplément à celle de 1812, si on la compare avec la guerre générale de l'Europe contre Napoléon. Pour la cavalerie, elle offre peu d'événements intéressants; aussi pouvons-nous résumer en peu de mots ce que nous avons à en dire.

Vers la fin de mai, Wellington quitta le Portugal. Le gros de ses forces se portait sur Salamanque par la rive droite du Duero; une autre colonne, sous le général Hill, marchait dans la même direction. Le 1er et le 2 juin, ces deux corps firent leur jonction dans le voisinage de Zamora et de Toro; les Français quittèrent les rives du Duero, et se replièrent d'abord sur Valladolid, puis sur Burgos, dont ils firent sauter la citadelle, et enfin sur l'Ebre. Les Alliés les suivirent toujours de près; mais il n'y eut aucun engagement sérieux pendant toute la durée de cette marche. Le 2 juin, une brigade anglaise de cavalerie légère surprit à Morelès l'arrière-garde française, et lui fit essuyer quelques pertes. En général, pourtant, l'armée française n'eut pas autant à souffrir que l'aurait pu faire supposer la situation pénible et difficile où elle se trouvait au milieu d'une population animée de sentiments aussi hostiles et en face d'une armée ennemie supérieure en nombre. Peut-être, si Wellington n'avait pas eu pour principe de tenir ses forces concentrées, la cavalerie alliée, très supérieure alors à la cavalerie française, et placée d'ailleurs dans des circonstances extrêmement favorables aurait eu plus d'une occasion d'exécuter contre l'armée en retraite des entreprises heureuses. Mais pour juger cette question, il faudrait des notions plus complètes et en même temps plus circonstanciées que celles que nous possédons.

Aucune action remarquable de la cavalerie ne signala la bataille de Vittoria, où Wellington battit le roi Joseph le 21 juin. Jones, faisant à ce propos l'éloge de la cavalerie française, dit que, seule, elle avait conservé de l'ordre. Cependant elle n'avait pas véritablement combattu; son action se borna à couvrir la retraite, qui ne fut plus inquiétée par la cavalerie ennemie, dès que les Français, abandonnant la route de Bayonne, se furent portés sur celle de Pampelune.

Dans les Pyrénées, la nature du terrain suspendit à peu près complètement l'importance et l'action de la cavalerie. La campagne de 1814 ne nous offre, non plus, rien de remarquable à notre point de vue; elle est d'ailleurs en dehors de la limite de temps que nous nous sommes posée. Nous terminons donc ici nos considérations sur les campagnes d'Espagne, regrettant de ne donner au lecteur qu'une notice si incomplète sur cette intéressante partie des guerres de l'Empire. Il nous excusera cependant en raison de l'insuffisance des sources où nous avons pu puiser : car les relations qui existent sur la guerre de la Péninsule sont avares de détails relatifs à l'objet spécial dont nous nous occupons dans ce livre.

LIVRE CINQUIÈME.

GUERRES DE L'EMPIRE.

(Suite.)

CHAPITRE PREMIER.

Expédition de Russie.

Dans l'enchaînement des faits, dont se compose l'histoire des nations, il est des événements prodigieux où il est impossible de méconnaître le doigt de la Providence, qui se plaît, dans l'éternelle sagesse de ses desseins, à précipiter le puissant du faîte de la prospérité en apparence la plus inébranlable, et à rendre aux opprimés ce qu'à peine ils osaient espérer encore; des événements où la fragilité de toute puissance humaine éclate avec une évidence tellement foudroyante qu'elle dessille les yeux les plus obstinés dans leur aveuglement. Dans des évènements de ce genre, l'examen et le détail des faits disparaissent devant l'imposante impression de l'ensemble, et ce serait folie que de vouloir chercher, dans des détails d'organisation et d'exécution, l'explication d'un résultat marqué au sceau de la puissance divine, et dont la clé mystérieuse ne se trouve que dans les vues impénétrables de Celui qui règle toutes choses.

L'expédition de Napoléon contre la Russie, en 1812, est un de ces événements. N'examiner cette guerre qu'avec l'œil du tacticien et du stratégiste, vouloir chercher dans des causes purement militaires l'explication d'une catastrophe à jamais fameuse, ce serait n'en décrire en quelque sorte que les accessoires et négliger la partie la plus importante, la plus décisive. Le triomphe, comme Alexandre sut le reconnaître et le proclamer, fut dû à l'intervention de Dieu lui-même. Et pourtant il ne fallut pas de prodiges extraordinaires pour amener la ruine de l'armée française. Est-il étonnant, en effet, qu'une armée aussi nombreuse, dépourvue de magasins et d'approvisionnements, ait péri par les fatigues inouïes et par les privations cruelles d'une marche exorbitante de longueur, au milieu des rigueurs d'un hiver boréal et à travers des contrées inhospitalières, épuisées et dévastées par le passage des troupes et par la haine des habitants. La colossale puissance de l'Empire partagea le sort de tous ces colosses que le monde a vus successivement apparaître pour un temps plus ou moins long; sa grandeur même a été la cause de sa ruine, et sa faiblesse intérieure l'a fait écrouler sur lui-même, dès que son expansion est allée au-delà des bornes du possible, sans qu'aucune défaite proprement dite lui ait porté le coup mortel.

Cette fatale expédition a été trop souvent et trop complètement racontée, pour que nous ayons à en tracer même une esquisse. Nous pouvons supposer que les faits généraux sont connus de tous, et que la partie spécialement militaire n'est ignorée d'aucun de nos lecteurs, grâce à deux ouvrages qui se complètent l'un par l'autre, et qui furent écrits par des hommes complètement compétents (1).

---

(1) *Histoire de l'expédition de Russie*, par M... 2 vol. Paris, 1823.
La campagne de 1812, par le colonel Butturlin, ouvrage rédigé sur les rapports originaux russes.

Nous nous contenterons de relever les faits qui intéressent directement l'histoire de la cavalerie, et nous laisserons de côté tout ce qui n'a pas un rapport réel avec ce point de vue.

Formation et marche des armées.

Dans l'armée que Napoléon conduisit en Russie au mois de juin, la distribution de la cavalerie avait été conservée telle qu'elle était dans les campagnes précédentes. Seulement les divisions et les subdivisions, grossissant en proportion du colossal ensemble, avaient pris un développement énorme. Ainsi, la cavalerie de réserve, placée sous les ordres de Joachim Murat, roi de Naples, se composait de 4 corps, comprenant 11 divisions (6 de grosse cavalerie et 5 de cavalerie légère), et formait la masse formidable de 40,000 chevaux. Environ 32,000 chevaux étaient répartis entre les différents corps d'armée. Le 1er, 2e, 3e, 4e, 6e et 10e corps d'armée avaient chacun deux brigades de cavalerie légère; le 7e et le 8e en avaient chacun une; le 5e en avait trois. Le corps auxiliaire autrichien garda toute sa cavalerie, forte de 7,300 chevaux en 54 escadrons; mais le corps prussien vit deux de ses régiments incorporés dans la cavalerie de réserve.

En comprenant le 9e corps qui entra en Russie au mois de septembre, les forces de l'expédition comptaient 396,000 hommes d'infanterie et 85,000 de cavalerie, avec l'artillerie à cheval et à pied répartie dans les corps d'armée, mais sans les grands parcs de réserve. Dans le courant de l'été, 65,000 hommes d'infanterie et 15,000 chevaux, formés en bataillons et escadrons de marche, rejoignirent encore l'armée, de sorte que plus d'un demi-million d'hommes furent absorbés par l'expédition. Quant à l'état des troupes, voici ce qu'en dit l'auteur de l'*Expédition de Russie* : « L'infanterie était, en général, bonne et bien « exercée; le même éloge pouvait s'adresser aux dragons, « aux cuirassiers français et à la plupart des régiments de « cavalerie allemands et polonais; le reste de la cavalerie « (la cavalerie légère française) avait un grand nombre de « jeunes hommes et de jeunes chevaux. » Il y avait des régiments dont les cadres arrivaient directement d'Espagne, et qui, complétés et montés en route, étaient constamment en marche depuis six mois. Ces troupes-là n'auraient pas même supporté les fatigues d'une campagne ordinaire; il était donc certain qu'elles ne tarderaient pas à être complètement ruinées. Et, en effet, la plupart de ces troupes ne virent pas même Moscou, ce terme de leur lointaine expédition, et n'existaient déjà plus lorsqu'éclata la véritable catastrophe où périt le reste de leurs frères d'armes.

L'armée russe comptait, lorsque la guerre éclata, 498 bataillons, 409 escadrons; selon les règlements, l'effectif devait être de 738 hommes par bataillon et de 151 chevaux par escadron. Les forces disponibles sur les frontières occidentales de l'empire étaient distribuées, comme il suit, en trois armées :

La première armée de l'Ouest (Barclay de Tolly), 150 bataillons, 134 escadrons, 43 compagnies d'artillerie.

La deuxième armée de l'Ouest (Bagration), 58 bataillons, 52 escadrons, 19 compagnies d'artillerie.

La troisième armée de l'Ouest (Tormassov), 54 bataillons, 36 escadrons, 16 compagnies d'artillerie.

Pendant la paix, la cavalerie avait été réunie aux divisions d'infanterie; cette organisation fut supprimée au moment des armements, et la cavalerie forma 11 divisions, dont quelques-unes restèrent attachées aux corps d'infanterie, tandis que le reste constituait une réserve.

Outre la cavalerie régulière, il y avait, répartis entre les trois armées de l'Ouest, 27 *poulks* ou régiments de Cosaques. Nous nous réservons d'énoncer quelques observations sur cette espèce de troupes, lorsque nous serons arrivés à l'époque où elles se sont le plus fait remarquer.

Quelque soin qu'Alexandre eût mis à organiser et à compléter son armée, il est évident qu'elle ne pouvait se mesurer avec les forces de la moitié du Continent, que Napoléon amenait pour la combattre. Si une bataille se fût livrée à Vilna ou à Drissa, il est extrêmement probable qu'elle se serait terminée, après une lutte acharnée, par la défaite totale des Russes; une résistance prolongée, embrassant de vastes espaces et combinée de manière à traîner la guerre en longueur, était évidemment plus redoutable et plus ruineuse pour l'armée d'invasion, qu'une résistance concentrée sur un point dès le commencement de la campagne. Il faut nécessairement que la stratégie sorte des règles communes, quand les circonstances s'écartent de toutes celles qui ont fait naître ces règles, et il serait absurde de ne pas reconnaître que les conditions locales sont tout autres en Russie qu'en Allemagne, en Autriche, en Hollande ou en Italie. La Russie se rendait parfaitement compte des caractères spéciaux de cette guerre : elle profita des immenses espaces où il lui était permis de faire mouvoir ses troupes : elle retarda de jour en jour, de semaine en semaine, le résultat que désirait l'ennemi, et réussit, en agissant ainsi, à s'assurer le plus redoutable, le plus irrésistible allié, l'hiver des régions boréales, et à livrer l'armée française au plus cruel des ennemis, à la famine.

Napoléon, de son côté, ne sentait pas moins bien qu'une guerre contre la Russie demandait d'autres préparatifs, d'autres dispositions que celles dont on avait pu se contenter en Allemagne. La première mesure qui résulta de cette conviction fut l'introduction d'un nouveau système de réquisitions. Des ordres, donnés aux rois, aux princes, aux maréchaux et généraux commandant des corps d'armée, prescrivirent de réunir des approvisionnements et de les emporter des pays alliés en pays ennemi. Par suite de ces ordres on enleva en Prusse et en Pologne ce qu'on put trouver de troupeaux, de grains, d'eau-de-vie et de voitures pour le transport. La Prusse, par cette marche d'une armée alliée à travers son territoire, souffrit plus en un mois que pendant toute la campagne de 1807. L'approvisionnement et l'entretien régulier des troupes devenaient impossibles avec un pareil système, chaque corps prenant ce qu'il trouvait et emportant tout ce qu'il pouvait traîner avec soi, sans s'inquiéter de ceux qui viendraient après lui ; le fourrage surtout ne tarda pas à devenir très rare. Dès le mois de juin, une grande partie de la cavalerie française faisait manger à ses chevaux des gerbes de seigle, d'orge et d'avoine en vert, ce qui lui fit perdre un grand nombre d'animaux. Il est vrai qu'on les remplaçait par les premiers venus ; mais l'état des chevaux était en général mauvais, avant même qu'ils atteignissent le Niémen : car ceux qui ne périssaient pas faute de soins et d'une bonne nourriture, perdaient leur vigueur. Plus de la moitié, en outre, étaient blessés sous la selle, et Napoléon lui-même fut étonné, lorsqu'ayant demandé au commandant d'un régiment allemand combien il avait de chevaux blessés, celui-ci répondit : « Pas un seul. »

Les voitures pour le transport des vivres, les équipages et les fourgons des généraux, des officiers et des employés, dont un nombre infini suivaient l'armée, une immense multitude d'ouvriers, de marchands, etc., en un mot, tous les accessoires qu'aurait nécessités partout ailleurs la marche d'une si grande armée, augmentés de tous ceux qu'imposaient ici des circonstances particulières, tout cela formait une masse énorme de bagages. Cette armée française, qui naguère avait prouvé à l'Europe que, pour vaincre, on n'avait pas besoin d'emporter avec soi autre chose que des armes, et qui même était fière de son délabrement comme d'une parure républicaine, cette armée menait maintenant avec elle un train qui dépassait tout ce qu'on n'avait jamais vu jusque-là. Le sans-culottisme avait disparu de l'aspect de l'armée, depuis que les généraux républicains s'étaient affublés de manteaux princiers, et l'ancien luxe français avait fait alliance avec le système moderne des réquisitions, de manière à porter à son *nec plus ultra* de perfection l'art d'exténuer, de ruiner un pays (1).

---

(1) « L'armée, dit l'auteur de l'Expédition de Russie, était obligée de vivre de maraude, et on sait que le pillage en est une suite ordinaire. » Le lecteur comprend que dans ces deux lignes si simples sont renfermées toutes les horreurs que peuvent produire le désordre et l'indiscipline.

Le 24 juin, l'armée française franchit le Niémen. L'armée russe se retirant de toutes ses positions près de Vilna et aux environs, se déroba si complètement que les éclaireurs français aperçurent à peine quelques patrouilles de Cosaques. Néanmoins la marche des Français sur Vilna fut déjà extrêmement pénible, la pluie, qui commença le 29 et dura cinq jours, ayant défoncé les chemins, rendu les bivouacs très désagréables et malsains, et les fourrages très pénibles. Dix mille chevaux à peu près, la plupart de trait, périrent pendant cette marche, et l'armée laissa derrière elle un nombre considérable de soldats, dont beaucoup ne revirent jamais leur drapeau.

A Vilna, on résolut la formation de 11 régiments polonais, 6 d'infanterie et 5 de cavalerie, composés d'habitants de la Pologne russe; un de ces régiments de cavalerie, formé de nobles, devait être incorporé à la garde impériale. Il y eut une foule d'aspirants; mais on ne se pressa ni d'organiser l'insurrection de la province, ni de reconstituer la Pologne, ce qui pourtant avait été annoncé comme un des principaux motifs de cette guerre.

Comme il ne rentre point dans notre plan de donner une relation historique de la campagne de Russie, nous passerons sous silence les événements du mois de juillet, pendant lequel les armées russes se retirèrent vers la Duna et le Dnieper. Le 3 août, elles opérèrent leur jonction sous les murs de Smolensk; le gros de l'armée française les y suivit par Vitebsk, laissant des corps détachés devant l'armée russe de réserve en Volhynie, devant le corps de Wittgenstein sur la Duna, et devant Riga. Dans la première quinzaine d'août, l'armée d'invasion était dans la position suivante :

Le dixième corps (auxiliaires prussiens et division Grandjean) sur la Basse-Duna, sur l'Aa et devant Riga ;

Le deuxième et le sixième corps avec la division de cuirassiers Doumerc qui d'abord faisait partie du troisième corps de cavalerie, étaient à Polozk, opposés à Wittgenstein ;

Les Autrichiens et le septième corps (Saxons), sous le prince Schwarzenberg, étaient entre Pinsk et Slonim, opposés à l'armée russe de Moldavie.

Napoléon en personne, à la tête de la garde, des premier, troisième, quatrième, cinquième, huitième corps et de la cavalerie de réserve, marchait sur Smolensk. Ces dernières troupes avaient compté, au début de la campagne, 235,000 hommes d'infanterie et 60,000 chevaux; dans les premiers jours d'août, leur effectif n'était plus que de 156,800 hommes d'infanterie et 36,722 de cavalerie. Les quatre corps de la cavalerie de réserve, dont la force totale s'était élevée à plus de 40,000 chevaux, étaient déjà réduits à 22,000 seulement. Une division (Doumerc) en avait été détachée ; quelques pertes résultaient des combats qui avaient eu lieu ; mais ce n'était que par suite des fatigues excessives de leurs marches que les troupes à cheval s'étaient si rapidement fondues. Quatre semaines plus tard, un peu avant la bataille de la Moskowa, cette armée, si formidable au départ, ne comptait déjà plus que 103,000 hommes d'infanterie et 30,743 cavaliers, y compris les traîneurs qui pouvaient rejoindre leurs corps.

Pendant toute la marche, depuis la frontière russe jusqu'à Moscou, la cavalerie française marcha presque toujours à la tête des colonnes, soutenue, lorsque le terrain l'exigeait, par une ou plusieurs divisions d'infanterie.

Les généraux qui commandaient cette cavalerie étaient, dit-on, mécontents de cet arrangement, qui ruinait beaucoup plus vite leurs troupes, parce que les corps de cavalerie, marchant concentrés, trouvaient tous les jours plus de difficulté à nourrir leurs chevaux. Le roi de Naples se plaignant un jour de ce qu'une charge n'avait pas été exécutée avec assez de vigueur : « Cela vient », lui répondit Nansouty, « de ce que nos chevaux n'ont pas de « patriotisme; nos soldats se battent bien sans pain, mais « nos chevaux ne font pas leur devoir sans avoine ». Napoléon, dans les circonstances où il se trouvait placé, avait certainement d'excellentes raisons de hâter ses mouvements et d'arriver le plus tôt possible à une solution. Pour cela, il fallait pousser sans cesse l'arrière-garde ennemie au moyen d'une avant-garde supérieure en force. En outre, il était encore moins difficile de trouver du fourrage pour la cavalerie en la faisant marcher en tête de l'armée, qu'en lui faisant suivre les colonnes qui ne laissaient derrière elles que des localités désertes et des pays ravagés, et détruisaient même ce qu'elles ne pouvaient emporter. Peut-être aurait-il été plus facile de nourrir la cavalerie en la faisant marcher sur le flanc des colonnes, ce qui aurait eu le double avantage de laisser l'armée concentrée et de lui donner pourtant plus de moyens d'existence; mais pour cela il fallait connaître le pays mieux qu'on ne le connaissait. En général, il semble que les considérations relatives à l'entretien de l'armée dans une aussi vaste expédition ont trop été perdues de vue; nous ne rechercherons point s'il faut en imputer la faute à Napoléon lui-même ou à des erreurs et des négligences d'administration.

Parmi les engagements qui eurent lieu pendant la marche des armées du Niémen au Dniéper, nous n'en mentionnerons qu'un seul, celui du 14 août, entre Krasnoï et Smolensk. La division russe du général Neworowsky (6,000 hommes d'infanterie, 1,200 chevaux et 8 bouches à feu), appartenant à l'armée de Bagration, fut attaquée par l'avant-garde française, composée d'une division d'infanterie et du gros de la cavalerie de réserve, sous les ordres de Murat. Le général russe, ne pouvant se flatter de se maintenir dans sa position, ni compter sur aucun secours, battit aussitôt en retraite. Ayant à traverser un pays découvert, il ordonna à son infanterie tout entière de se former en une seule masse qui devait, en se couvrant d'un côté à l'aide d'une allée de bouleaux dont la route était bordée, se diriger sur Smolensk. Avant même que la colonne se fût entièrement formée, la cavalerie française chargea, dispersa la faible cavalerie des Russes, enleva l'artillerie, enfonça les derniers bataillons et fit 800 prisonniers. Le reste de l'infanterie russe continua sa retraite en bon ordre, sans se laisser entamer par plusieurs charges successives de la cavalerie française, et finit par rejoindre l'armée, après avoir reçu des renforts à Koritnia, où elle était arrivée à la chute du jour.

L'auteur de l'*Expédition de Russie* cite cette affaire pour montrer qu'une bonne infanterie bien commandée est supérieure à la cavalerie; mais il ajoute une remarque que nous transcrivons, parce qu'elle se rapporte à une idée que nous avons eu plusieurs fois l'occasion d'émettre à propos de faits analogues. « Il est probable », dit-il, « que Murat aurait forcé la division Neworowsky à mettre bas les armes, sans son impétuosité irréfléchie. Il faisait

« continuellement charger la cavalerie, dont il ne pouvait
« faire agir qu'une très petite partie, et annulait ainsi une
« nombreuse artillerie qu'il avait sous la main. Il aurait
« dû, au contraire, ne faire donner sa cavalerie qu'après
« que l'artillerie eût jeté le trouble et le désordre dans les
« rangs de la division ennemie. »

Ce fait et mille autres du même genre prouvent qu'il ne sert de rien d'avoir le sabre de Scanderbeg, si l'on n'a pas en même temps son bras intelligent pour le manier. Chaque corps de cavalerie français possédait 24 à 30 bouches à feu : souvent on tire d'innombrables coups de canon sans le moindre effet, et dans certaines occasions où quelques coups bien dirigés pourraient produire un si grand résultat, on se figurerait vraiment que la poudre reste encore à inventer.

Nous ne nous arrêterons ni à la bataille de Smolensk, ni à l'affaire de Valutino. Si sanglantes qu'aient été ces deux journées, on ne saurait les regarder comme des batailles décisives. Les détails circonstanciés manquent d'ailleurs, et le peu qu'on en possède fait voir que la cavalerie n'exécuta rien de notable de côté ni d'autre.

Les Russes continuaient toujours leur retraite, les Français leur poursuite. Ceux-ci appelaient de tous leurs vœux une bataille, que les Russes mettaient tous leurs soins à éviter. Les Français ruinaient de plus en plus leurs forces par des marches sans fin et des fatigues sans relâche ; les Russes, au contraire, ménageaient de leur mieux leurs troupes qui, quoiqu'elles parcourussent les mêmes distances que leurs ennemis, vivaient cependant mieux, parce qu'elles trouvaient partout des vivres et du fourrage.

Une chose remarquable, c'est l'influence que les fatigues d'une marche interminable et les déceptions continuelles avaient exercée sur le moral de l'armée française. D'ordinaire, tout mouvement en avant anime le courage des troupes; la retraite de l'ennemi, qui n'ose attendre l'attaque, leur donne le sentiment de leur supériorité, et augmente leur confiance. Ici, on pouvait dire que la surexcitation de ces sentiments devenait une véritable torture: l'armée française maudissait la prudence des Russes; et tous, depuis l'Empereur jusqu'au dernier soldat, aspiraient ardemment au jour où l'ennemi se retournerait enfin pour accepter une bataille qui décidât du sort de la campagne. Dans l'armée russe elle-même, le mécontentement devenait chaque jour plus vif et plus général; on se lassait de cette retraite sans fin. Néanmoins, il se passa trois semaines encore avant cette bataille qui, quelque gigantesque qu'ait été la lutte, quelque désespérés qu'aient été les efforts des deux armées, ne fut une victoire et une défaite que de nom. Son résultat éphémère, qui n'ôta aux Russes aucun de leurs avantages, loin de rendre aux Français une supériorité décisive, ne fit que les leurrer de vaines espérances pendant quelques semaines, et les conduisit avec une certitude d'autant plus fatale au plus affreux, au plus complet, au plus irréparable désastre.

Bataille de Borodino ou de la Moskwa

(7 septembre 1812).

A une trentaine de lieues de Moscou, en suivant la route

qui conduit de Smolensk à l'ancienne capitale des czars, on rencontre la Kolozka, petit ruisseau qui coupe la route auprès du village de Borodino, et se jette à deux lieues environ de ce village dans la Moskwa. Ce ruisseau n'a par lui-même aucune importance; le volume de ses eaux est faible, et son lit peut aisément se franchir à gué sur presque tous les points de son parcours. Néanmoins, la rive droite, celle du nord-est, offre, dans l'espace compris entre Borodino et la Moskwa, un terrain avantageux; car les revers assez escarpés qui bordent le ruisseau de ce côté commandent la rive opposée, et, en outre, le plateau allongé qui s'étend à quelque distance derrière le ruisseau, constitue une très bonne position pour une armée chargée de défendre la route de Moscou. A une bonne lieue de Borodino et au sud de ce village, la vieille route de Smolensk à Moscou traverse une forêt qui s'approche de la Kolozka jusqu'à la distance de 3 à 4,000 pas. Entre la forêt et Borodino le terrain est découvert, semé seulement de quelques portions de taillis clairs et bas. Une vallée, baignée par un petit ruisseau qui se jette à Borodino dans le Kolozka, coupe le plateau entre la forêt, en partie marécageuse, et la Moskwa.

Lorsque le feld-maréchal Kutusov, investi alors du commandement de l'armée russe, eut résolu de livrer bataille, ce fut sur ce terrain qu'il établit sa position. Il fit construire plusieurs batteries sur la berge de la Kolozka, entre l'embouchure de ce ruisseau dans la Moskwa et le village de Borodino. Près du village de Maslovo, il fit bâtir une ligne de redoutes qui devait servir de point d'appui à sa droite. Sa gauche s'étendait jusque sur la vieille route, dans la forêt; dans l'espace qui sépare la forêt de la nouvelle route de Moscou, on éleva également plusieurs retranchements; mais ceux-ci n'étaient ni complétement fermés, ni capables, en général, d'opposer une longue résistance. Au-dessus de Borodino, la ligne de ces ouvrages ne longeait plus la berge de la vallée de la Kolozka; elle était ramenée plus en arrière, se dirigeant d'abord vers le village ruiné de Séménowskoï, situé à une demi-lieue du ruisseau, et de là vers la forêt et le village d'Outitza, sur la vieille route de Moscou. Cette ligne retranchée avait en quelque sorte pour poste avancé une redoute construite près du village de Khéwardinov, sur une colline d'où l'on découvrait tout le terrain situé entre le ruisseau et la forêt. La division d'infanterie Néworowsky et un fort détachement de cavalerie étaient chargés de la défense de ce poste important.

Le 5 septembre, Napoléon fit attaquer la position de Khéwardinov ; la redoute fut emportée après un combat très vif, et le corps russe dut se replier sur la position du gros de l'armée. La plus grande partie de l'armée française franchit la Kolozka et se rangea dans la position suivante :

Le cinquième corps d'armée, composé des Polonais de Poniatowsky, 8,600 hommes, 1,600 chevaux et 50 bouches à feu, formait la droite de l'armée, sur la vieille route de Smolensk à Moscou.

Le maréchal Davoust, posté sur la lisière de la forêt, en avant de la redoute enlevée le 5, formait l'avant-garde de l'armée avec trois divisions d'infanterie et la cavalerie de son corps, 22 à 24,000 hommes et 2,000 chevaux.

Derrière ce maréchal, entre la forêt et Khéwardinov, se trouvaient le centre et la réserve de l'armée, savoir : le troisième et le huitième corps d'armée, placés pour la bataille sous les ordres de Ney (18,000 hommes d'infanterie et 2,000 chevaux), la garde et la division Claparède (14,000 hommes et 5,000 chevaux), et trois corps de cavalerie, le 1er, Nansouty, le 2e, Montbrun, le 3e, Latour-Maubourg (15,000 chevaux et 77 bouches à feu).

Entre Khéwardinov et la Kolozka était postée la division Morand du premier corps (Davoust), forte de 7 à 8,000 hommes et liant le centre de l'armée à la gauche.

L'aile gauche sous les ordres du vice-roi, formée par le quatrième corps (armée d'Italie), par la division Gérard et le troisième corps de cavalerie, commandé par Grouchy, était placée sur la rive gauche de la Kolozka, en face du village de Borodino et du centre des Russes; sa force était de 28,000 hommes d'infanterie et 6,600 chevaux.

L'armée française tout entière s'élevait à 120,000 hommes environ, dont 20,000 à peu près de cavalerie; l'artillerie comptait 587 bouches à feu, dont 88 d'artillerie à cheval.

L'armée russe, suivant Boutturlin, était d'environ 130,000 hommes, y compris 10,000 hommes de milice et 7,000 Cosaques; la cavalerie régulière comptait un peu moins de 20,000 chevaux, et l'artillerie 640 bouches à feu. Il semblerait, d'après ces chiffres, que l'armée russe était la plus forte; mais on peut dire que les Français avaient un nombre supérieur de combattants réels; car tous ceux de leurs soldats qui étaient venus jusque-là, étaient certainement des hommes d'élite, tandis que dans les rangs des Russes il se trouvait beaucoup de recrues qui n'avaient pas encore vu le feu. Quant à la cavalerie régulière, il est hors de doute que celle de l'armée française était de beaucoup plus forte que celle des Russes, quoique l'effectif des corps eût été réduit bien au-dessous de la moitié de sa force primitive.

Ce fut le 6 septembre que l'armée française prit la position que nous venons d'indiquer ; une partie des troupes n'arrivèrent même que dans la nuit du 6 au 7 aux postes qui leur étaient assignés. Après avoir reconnu le 6 le terrain et la position de l'ennemi, Napoléon fit élever devant le front de bataille trois batteries, chacune pour 24 pièces de douze, il fit en outre jeter plusieurs ponts sur la Kolozka, afin de rendre les communications plus faciles, quoiqu'on pût presque partout franchir ce ruisseau sans pont. Sa plus grande crainte était de voir l'ennemi lui échapper par une nouvelle retraite, et frustrer son espérance en n'acceptant pas encore de lutte décisive. Aussi, lorsque le 7 au matin on vit le soleil levant éclairer les lignes des Russes, rangées en ordre de bataille, il exprima la joie la plus vive, dont la proclamation lue aux troupes fut l'écho (1).

Nous ne croyons pas qu'on puisse prouver par des raisonnements stratégiques ou tactiques, que la résolution de livrer une bataille défensive sur ce terrain fût la meilleure que le général russe pût prendre ; nous croyons encore moins qu'il ait existé dans l'esprit d'aucun homme un plan conçu et arrêté d'avance, consistant à reculer jusqu'à Borodino, et à choisir ce point comme le plus avantageux sur une distance de 200 lieues qu'on avait parcourue depuis la frontière.

Mais des motifs politiques d'une gravité incontestable devaient déterminer les Russes à ne point abandonner

---

(1) « Soldats, voici la bataille que vous avez tant désirée, » etc.

l'antique capitale de l'empire à la merci de l'ennemi sans avoir fait les derniers efforts pour la sauver. L'effet moral qu'un pareil abandon aurait produit sur l'armée comme sur la population, pouvait devenir plus funeste que la perte d'une bataille. Cependant nous n'avons point à porter de jugement sur ces questions, et nous revenons aux faits mêmes de la bataille, en nous renfermant dans les limites que nous nous sommes tracées d'avance.

Le 7 septembre au matin, l'armée russe occupait la position suivante : Le troisième corps, général Touschkof, composé de 7,000 hommes de troupes régulières et de 7,000 miliciens de Moscou armés de piques et peu en état de combattre se trouvait au village d'Outitza, sur la vieille route de Moscou, formant la gauche de l'armée, en face du prince Poniatowsky. A ce corps s'appuyait l'armée de Bagration, composée du septième et du huitième corps (34,000 hommes), du quatrième corps de cavalerie, général Scaewers, de la deuxième division de cuirassiers et d'un régiment de hussards (environ 5,500 chevaux). Une partie de l'infanterie garnissait les ouvrages de Séménowskoï ; le reste des troupes étaient rangées sur plusieurs lignes derrière et entre les retranchements.

Le sixième corps (général Doktorof), avec le troisième corps de cavalerie (comte Pahlen), en tout 10,000 hommes d'infanterie et un peu plus de 2,000 chevaux, formait le centre de la position, entre la grande batterie de la droite de Bagration et la hauteur également fortifiée que couronne la ferme de Gorki, en face de Borodino. A ce corps s'appuyait celui d'Ostermann (le quatrième), avec le deuxième corps de cavalerie, général Korf, en tout 12,000 hommes et 2,500 chevaux, faisant face à la Kolozka. Les régiments de chasseurs de ce corps étaient poussés en avant, jusque sur le ruisseau ; l'infanterie sur deux lignes ; la cavalerie, également sur deux lignes, derrière l'infanterie.

Le cinquième corps, la garde impériale russe, les bataillons de grenadiers et les régiments de cuirassiers qu'on y avait joints, environ 20,000 hommes, étaient placés derrière le centre.

Le deuxième corps d'infanterie et le premier de cavalerie (Ouwarow), 15,000 hommes et 2,500 chevaux, sous le commandement de Miloradowitch, formaient la droite, s'étendant jusqu'à la Moskwa. Neuf régiments de Cosaques, ayant à leur tête l'hetman Platof, se trouvaient à cette aile ; le reste était distribué entre les différents corps.

En jetant un coup d'œil sur la position et la répartition des deux armées, on voit que le cinquième corps français se trouvait en face du troisième corps russe sur la vieille route de Smolensk à Moskou, que le gros de l'armée de Napoléon était opposé à l'armée de Bagration, menacée de la sorte par des forces très supérieures ; que le vice-roi était opposé au centre des Russes près de Borodino ; qu'enfin, la droite des Russes n'avait point d'ennemi devant elle, Napoléon ayant jugé avec raison qu'il valait mieux négliger le côté le plus fort de la position des Russes, et concentrer la principale masse de ses forces sur le point où un résultat décisif était le plus probable. Voici quelles furent, à cet effet, ses dispositions de combat :

Les batteries préparées la veille devaient engager la bataille par un feu bien nourri contre les retranchements russes. En même temps Poniatowsky devait suivre la vieille route de Moscou jusqu'à ce qu'il se trouvât à la hauteur des redoutes ; alors il devait tourner sur sa gauche et prendre l'ennemi à revers. Les maréchaux Ney et Davoust avaient ordre d'aborder de front l'ennemi qu'ils avaient devant eux. L'aile gauche, commandée par le vice-roi devait retarder son attaque jusqu'à ce que celle des deux maréchaux fût bien engagée ; alors Eugène devait enlever Borodino, passer la Kolozka avec la majeure partie de ses troupes et attaquer la grande batterie ; la division Morand était aussi placée sous ses ordres. La cavalerie de réserve devait suivre ces divers mouvements, le premier corps de cavalerie soutenant particulièrement Davoust, le quatrième Ney, le troisième le vice-roi. Le deuxième corps de cavalerie devait s'avancer entre Séménowskoï et le ruisseau qui se jette dans la Kolozka à Borodino. La garde et la division Claparède restaient en réserve derrière le centre de l'armée, Napoléon devait se tenir, de sa personne, dans la redoute enlevée le 5.

Ces dispositions égalent en habileté toutes celles qui amenèrent les plus brillantes victoires de Napoléon. Elles étaient on ne peut mieux appropriées aux circonstances, et, si l'exécution avait répondu à l'idée, un succès immense en eût été probablement le fruit. L'armée de Bagration, qui formait la gauche des Russes, une fois vaincue et repoussée, toute leur droite, coupée de la route de Moscou, aurait été refoulée sur la Moskwa. Un désastre complet de l'armée russe et une paix conclue aux conditions dictées par Napoléon en eussent sans doute été le résultat. On a dit que pour obliger les Russes à abandonner leur position, il eût suffi d'une manœuvre sans bataille ; cette opinion est en effet fondée sur des raisons plausibles ; mais l'Empereur n'aurait alors gagné que du terrain. Or, jamais un conquérant n'eut moins d'intérêt à gagner seulement du terrain, que Napoléon dans cette guerre ; faire reculer l'ennemi sans le battre, c'était prolonger un état de choses qui ne pouvait mener à aucun succès définitif. L'Empereur et l'armée entière avec lui étaient convaincus, avec raison, que la défaite totale de l'armée russe pouvait seule garantir un résultat heureux ; cela fait, le reste se fût arrangé facilement. Dans le cas contraire, il était dès ce moment hors de doute que l'armée française serait détruite, même sans bataille, et que toute la vaste entreprise où elle était engagée échouerait nécessairement. Pénétré de cette vérité, Napoléon devait faire les derniers efforts pour rendre la bataille aussi décisive et le résultat aussi complet que possible ; toute considération relative au ménagement et à la conservation des troupes devait s'effacer devant cette nécessité capitale. Loin donc de nous joindre à ceux qui lui reprochent d'avoir sacrifié son armée pour mettre fin à une situation dont il ne pouvait sortir que par un coup décisif, nous sommes tenté, au contraire, d'admettre que le désir de ménager sa réserve a principalement empêché la pleine et entière exécution de son plan de bataille. Nous ne prétendons pas pour cela mettre ce désir sur le compte d'une sensibilité qui n'était point dans son caractère et qui, d'ailleurs, doit s'absorber sur les champs de bataille dans des devoirs plus sérieux et plus importants : ce fut la courageuse résistance des Russes, plus ferme et plus énergique qu'il ne l'avait présumé, qui fit prendre à la bataille une tournure différente de celle qu'il avait voulu lui donner, et qui l'empêcha d'atteindre son véritable but, quoique la victoire, dans le sens étroit du mot, ne puisse lui être contestée.

Selon les dispositions de Napoléon la cavalerie devait prendre part à l'attaque; les détails d'exécution étaient laissés aux soins du roi de Naples, qui commandait le centre de l'armée, et des généraux commandants des premier, troisième et huitième corps et des trois corps de cavalerie, qui formaient le centre. Le deuxième corps de cavalerie, celui de Montbrun, composé de deux divisions de cuirassiers et d'une division légère et comptant encore 4,000 chevaux et 29 bouches à feu, se trouvait le plus indépendant, ayant reçu pour mission de se porter en avant entre le village de Séménowskoï et la grande route de Moscou. Jamais la cavalerie ne fut exposée à un feu d'artillerie plus terrible, que la cavalerie française dans cette bataille; jamais aucune troupe de cette arme n'essuya de plus grandes pertes par le canon; mais jamais, non plus, il n'avait été plus nécessaire de ne reculer devant aucun sacrifice que dans les circonstances tout-à-fait exceptionnelles où l'on se trouvait. Aussi aurait-on tort de juger cette bataille selon les règles ordinaires, ou de la citer comme un modèle pour l'emploi de la cavalerie dans les batailles futures.

La cavalerie russe, réduite en général à la défensive et distribuée le long de toute la ligne de bataille, pour soutenir les corps d'infanterie, prit à la lutte une part active et souvent très importante. Nous retracerons ici les phases principales de cette lutte, dont nous ne saurions raconter tous les détails, inutiles d'ailleurs pour notre objet.

A six heures du matin, les Français commencèrent l'attaque suivant les dispositions ci-dessus indiquées. Le général russe ne pouvait douter que le gros des forces ennemies était dirigé contre sa gauche; aussi fit-il immédiatement avancer une partie des réserves, pour appuyer l'armée de Bagration, en même temps que la droite dut s'ébranler pour se porter à gauche et prendre part à la bataille. Les retranchements élevés devant le front des Russes furent pris et repris; plusieurs charges de cavalerie furent exécutées de part et d'autre; enfin, une effroyable canonnade foudroyait et écrasait des deux côtés les masses de troupes qui se pressaient, dans un espace d'une lieue carrée, autour des ruines du village de Séménowskoï. Les Russes perdirent enfin leurs retranchements; mais ils se maintinrent dans une autre position à une demi-lieue derrière Séménowskoï. L'énergie de l'attaque perdit de son intensité, le premier et le troisième corps, ainsi que la cavalerie, ayant fait les plus grands efforts et essuyé des pertes considérables, et ne se voyant point soutenus par des troupes fraîches. Le huitième corps avait même été porté vers la droite, au soutien de Poniatowsky. Napoléon, contre son habitude, demeurait à son poste d'observation, en proie à une irrésolution fatale, révoquant l'ordre déjà expédié de faire donner une partie de la réserve, et s'égarant, en quelque sorte, à côté de l'idée première du plan de bataille qu'il avait lui-même conçu. Il s'en suivit que le combat languit, que les progrès s'arrêtèrent et que les choses restèrent dans cet état l'espace de plusieurs heures.

Pendant que Murat, Davoust et Ney combattaient ainsi contre Bagration, le corps de Poniatowsky, secondé par le huitième corps, avait, sur la droite, repoussé jusqu'à une lieue derrière Outitza le troisième corps russe. Mais l'ordre de traverser la forêt en prenant sur la gauche de la vieille route, et de tomber sur le flanc gauche de Bagration, n'avait pu être exécuté; le combat de Poniatowsky contre Touchkow, qui devait, suivant le plan de Napoléon, former une partie importante de l'action générale, ne fut donc plus qu'un accessoire peu décisif.

Mais, si de ce côté la bataille ne se soutenait plus avec la même énergie, elle éclatait d'autant plus vive et plus meurtrière sur la gauche des Français qui attaquait le centre des Russes. Le vice-roi s'empara de Borodino à la suite d'un combat sanglant, le fit occuper par une brigade d'une division de son corps, mit en position à côté du village la seconde brigade de cette division et la cavalerie légère, et franchit la Kolozka avec le reste de ses troupes. Le corps d'Ostermann et les deux corps de cavalerie de Korf et de Pahlen soutinrent son attaque avec beaucoup de fermeté. La division Morand se précipita sur la grande batterie, entre Gorki et Séménowskoï; mais après l'avoir enlevée elle s'en vit, à son tour, repoussée. Là aussi, le combat resta stationnaire. Le corps de cavalerie de Grouchy fut dirigé sur la droite, de manière à se lier aux corps de Montbrun et de Latour-Maubourg. Ces trois corps, formant dès-lors le centre de l'armée française entre le prince Eugène et Ney, se trouvèrent ainsi dans la fâcheuse nécessité de conserver un poste important sans pouvoir attaquer eux-mêmes, et d'être, par conséquent, exposés dans une complète inaction à un feu meurtrier; leur artillerie seule ripostait à celle des Russes. Les batteries furent portées en avant sous la protection de la cavalerie légère; la grosse cavalerie se tenait à peu de distance en arrière. Cette situation acheva la ruine de plusieurs régiments de cavalerie; la brigade westphalienne, entre autres, qui avait été détachée du huitième corps et jointe à la réserve, fut tellement maltraitée que de 12 escadrons il ne resta, le soir de la bataille, que 300 chevaux.

Pendant qu'au centre on se battait ainsi à coups de canon, la droite des Russes fit un mouvement offensif. Le corps de cavalerie d'Ouwarow, suivi de quelques poulks de Cosaques, sous les ordres de Platof, passa la Kolozka au dessous de Borodino, et chargea, à l'extrême gauche des Français, les troupes que le vice-roi avait laissées sur la rive gauche. La cavalerie légère de ce corps d'armée, brigade Ornano, fut rejetée par la cavalerie russe au-delà du ruisseau qui se jette dans la Kolozka près de Borodino, par la rive gauche; mais l'infanterie, division Delzons, se forma en carrés et repoussa les attaques des Russes, qui n'eurent d'autre résultat que d'arrêter quelque temps les progrès des Français contre le centre de l'ennemi. Le vice-roi avait repassé la Kolozka avec la garde italienne, pour soutenir sa gauche; mais dès que les Russes eurent renoncé à leur projet, il franchit de nouveau la Kolozka et continua son mouvement d'attaque. Les neuf régiments de Cosaques auraient pu essayer de pénétrer plus avant sur les derrières de l'armée française; s'ils avaient eu le bonheur de s'emparer des parcs de munitions, ou de les obliger seulement à battre en retraite, leur entreprise eût pu avoir un résultat très important. Mais comme ils se contentèrent de menacer la division d'infanterie, leur manœuvre ne fut qu'un intermède inutile. Une attaque sérieuse contre le vice-roi était au-dessus des forces d'un corps de 2,500 chevaux, comme celui d'Ouwarow, et les Cosaques sont incapables d'actions de ce genre.

Le vice-roi ne fut pas plus tôt débarrassé de toute inquiétude de ce côté (entre deux et trois heures de l'après-midi), qu'il lança 3 divisions d'infanterie contre le centre des Russes. Le feu des batteries françaises se tut sur ce point ; l'infanterie, ayant en tête la division Morand et formée en colonnes d'attaque, se porta sur la grande batterie russe. Le général Montbrun ayant été blessé à mort un instant auparavant, Caulaincourt prit le commandement du deuxième corps de cavalerie et le fit marcher à l'attaque en même temps que l'infanterie d'Eugène. La cavalerie russe, opposée sur ce point à celle de Caulaincourt, venait d'être ramenée en arrière, pour être moins exposée au feu de l'artillerie. La division de cuirassiers du général Vathier culbuta tout ce qu'elle trouva devant elle, tourna ensuite à gauche, et le cinquième cuirassiers se précipita dans la redoute par la gorge. Il est vrai qu'il fut obligé de l'abandonner après des pertes considérables, que Caulaincourt lui-même fut tué dans l'intérieur du retranchement, et que la cavalerie russe repoussa un instant la cavalerie française ; mais une seconde attaque, exécutée par la brigade des cuirassiers saxons de Thielmann, du quatrième corps de cavalerie, eût un meilleur succès et assura définitivement aux Français la possession de cette fameuse batterie, que l'infanterie du vice-roi occupa aussitôt et dont tous les efforts des Russes ne purent plus la déloger. La cavalerie saxonne soutint vaillamment dans cette occasion sa vieille renommée de bravoure ; mais les trois régiments dont se composait la brigade Thielmann, forts de 1,800 hommes au début de la campagne, et offrant encore un total de 1,000 chevaux la veille de la bataille, perdit dans cette sanglante journée 548 hommes, dont 42 officiers.

La cavalerie russe, reportée en avant lors de l'attaque des Français, fit aussi plusieurs charges ; elle s'empara de plusieurs batteries françaises, mais les reperdit à l'exception de 10 pièces. Les Français avaient pris 13 pièces de campagne et 21 pièces de position.

La prise des batteries retranchées, à laquelle la cavalerie prit une part si importante, doit certainement être regardée comme le moment décisif de la bataille, qui, du reste, offre en général un exemple mémorable d'une lutte de la cavalerie contre l'artillerie.

Les relations françaises, depuis le xviiie bulletin jusqu'à l'*Histoire de l'expédition de Russie*, parlent d'un retour offensif tenté par les Russes pour arracher à leurs ennemis les avantages que ceux-ci avaient remportés. Boutturlin n'en dit pas un mot; suivant lui, le feu ne cessa que dans la soirée, mais sans qu'il se fît aucun mouvement important de part ni d'autre.

On a reproché à Napoléon, comme une faute grave, d'avoir rangé sa cavalerie sur plusieurs lignes successives à portée de l'artillerie ennemie, cet ordre l'exposant à des pertes immenses et d'autant plus sensibles qu'elles étaient irréparables. Ce reproche ne paraît guère fondé lorsqu'on envisag la situation où Napoléon se trouvait placé. Vouloir ménager les troupes, c'eût été prolonger un état de crise qui ne durait déjà que depuis trop longtemps et qui devait à coup sûr finir par la ruine totale de l'armée. Il fallait, à tout prix, anéantir l'armée russe, et c'était chose impossible sans de cruelles pertes pour le vainqueur lui-même. Resterait donc seulement le reproche d'avoir sacrifié la cavalerie *sans résultat proportionné au sacrifice*. Mais ce reproche n'est pas plus fondé que le premier : car le deuxième et le quatrième corps de cavalerie, en enlevant les batteries, eurent au succès une large et glorieuse part, et si la victoire ne fut point aussi complète, aussi décisive qu'elle eût dû l'être pour dégager l'armée des périls de sa situation extraordinaire, cela tient à des causes étrangères à l'action de ces troupes et ne peut être attribué qu'à la direction générale de la bataille.

Si, par exemple, Ney, après avoir enlevé les redoutes, avait été soutenu à temps, les Russes auraient été probablement défaits sur ce point. La cavalerie française eût trouvé dans la plaine derrière ces retranchements l'espace nécessaire pour se déployer et s'étendre; et la bataille étant gagnée avant midi, Napoléon aurait pu profiter de sa victoire.

Même après avoir manqué cette première occasion, il eût encore pu remporter des avantages décisifs, s'il avait fait donner sa garde, soit à l'endroit où combattait Ney, soit au centre, entre Séménowskoï et la grande batterie.

Ce qu'il y a de certain, c'est que la cavalerie française, réduite déjà de moitié par sa marche jusqu'à Borodino, remporta dans cette bataille fameuse, au prix d'énormes sacrifices, une victoire sanglante mais stérile : encore un triomphe de ce genre et c'en était fait d'elle.

Du côté des Russes, la défense glorieuse qu'ils opposèrent aux efforts suprêmes de leurs adversaires, fut en partie l'ouvrage de la cavalerie. Elle combattit tour à tour, et avec succès, la cavalerie, l'infanterie et l'artillerie, comme le prouvent les relations des deux partis, quoiqu'elles ne donnent pas de détails bien étendus. L'entreprise la plus remarquable de la cavalerie russe fut celle du corps d'Ouwarow, dont il a été question ci-dessus. Il est hors de doute que Kutusow aurait pu livrer la bataille dans des conditions plus favorables, qu'en se postant derrière la Kolozka pour y attendre l'attaque des Français ; mais, cette position une fois choisie, l'emploi de la cavalerie, tel qu'on le fit, fut bon et convenable.

Le 9 septembre seulement, l'avant-garde française, composée d'une division d'infanterie du 1er corps d'armée et des restes des quatre corps de cavalerie, occupa Mosaïsk. Cette lenteur, si contraire à la manière ordinaire de Napoléon, fut extrêmement utile aux Russes, qui exécutèrent leur retraite sans essuyer de nouvelles pertes. Après avoir évacué Moscou, qui fut aussitôt livré aux flammes et marqua, comme un immense et sinistre fanal, le terme des conquêtes napoléoniennes en Europe, ils se dirigèrent vers le Sud, se retirant à Taroutinow, derrière la Nara, sur la route de Kalouga.

Napoléon, bercé par l'espérance illusoire d'une paix prochaine qu'on cherchait avec soin à entretenir dans son esprit, demeura trente-quatre jours au milieu des ruines de l'antique résidence des czars. Pendant ce temps, Murat était à Winkovo, sur la Nara, en face de la position que les Russes occupaient à Taroutinow ; il avait sous ses ordres le 5e corps d'armée, les divisions d'infanterie Claparède et Dufour, la cavalerie de réserve et la cavalerie légère du 1er et du 3e corps d'armée, en tout 12,000 hommes d'infanterie, 8,000 chevaux et 180 bouches à feu. Les quatre corps de cavalerie s'étaient si bien fondus que, vers le milieu d'octobre, ils présentaient à peine ensemble un effectif de 5,000 chevaux, et ces tristes débris de tant de belles troupes offraient déjà l'aspect le plus misérable ; chaque jour la disette de vivres et de fourrage devenait plus sensible et plus grande (1), de sorte que ce long repos ne fut pas pour les troupes d'un grand soulagement.

Combat de Taroutinow.

Le 18 octobre, les Russes attaquèrent à l'improviste le corps de Murat. La négligence des Français dans les mesures de précaution et de sûreté les plus indispensables, passée à l'état d'habitude pendant la longue période de leurs succès, les avait suivis jusqu'au fond de la Russie, et les troupes de Murat se gardaient on ne peut plus mal dans une situation qui devenait extrêmement périlleuse, dès que l'ennemi tentait la moindre entreprise. L'immense supériorité des Russes, trois fois plus nombreux que le corps du roi de Naples, et l'habileté du plan d'attaque conçu par le colonel Toll, semblaient rendre inévitable la destruction totale du corps français. Mais le résultat ne répondit pas à cette espérance, et Murat s'en tira avec une perte de 2 à 3,000 hommes, d'environ 1,000 chevaux et de 38 bouches à feu.

Au point du jour, quelques poulks de Cosaques surprirent le camp du deuxième corps de cavalerie, qui formait la gauche de la position des Français. Trois corps d'infanterie et deux corps de cavalerie devaient en même temps

---

(1) Même sur la table du fastueux roi de Naples, on servait des rôtis de chats et du bouillon de chevaux.

aborder cette position de front. Le roi de Naples comprit qu'il était perdu si les Cosaques étaient appuyés, et si les Russes parvenaient à s'emparer de la route de Moscou, pendant que le gros de leurs forces, qui se déployait devant lui, entre Taroutinow et Winkowo, l'aborderait de ce côté. Autant il faut blâmer la légèreté et l'insouciance avec laquelle il s'était exposé à être attaqué avec 20,000 hommes par une armée de 66,000, autant il faut rendre hommage à la promptitude et à l'audace avec lesquelles il saisit le seul moyen de salut qui lui restât, en prévenant l'ennemi par une offensive énergique. Se mettant lui-même à la tête des carabiniers, il se précipita au-devant de la colonne de Bagawout et la repoussa; l'attaque des Russes se ralentit, s'arrêta; on se mit à se canonner. Mais les Français ayant chassé les Cosaques, s'ouvrirent le chemin de la retraite qui s'effectua, non sans perte il est vrai, mais avec moins de pertes que la grandeur du péril n'en devait faire craindre. Il est évident que la cavalerie russe aurait pu et dû, dans cette occasion, tirer un meilleur parti de sa grande supériorité.

Ce fut aussi le 18 octobre, jour néfaste à jamais, que Napoléon, ouvrant enfin les yeux sur les intentions de ses ennemis, commença cette retraite désastreuse, unique dans les annales des peuples modernes. L'histoire de cette retraite, quelque intéressante qu'elle soit pour l'art militaire par les situations singulières et bizarres qu'elle offrit (1), est en dehors de notre cadre, et nous pouvons

(1) Celle du maréchal Ney, par exemple, lorsque sur les bords du

au point de vue spécial d'où nous envisageons les événements, la caractériser en deux mots. La cavalerie française acheva d'y périr de faim et de misère, sans que l'ennemi eût rien à faire pour hâter ce résultat ; la cavalerie russe, les Cosaques surtout, profita de la déroute de l'armée française pour faire un grand nombre de prisonniers et ramasser un vaste butin de tout genre. Mais les Russes hésitaient encore à donner le coup de grâce à cette armée naguère si redoutable, abandonnant à la nature seule le soin d'achever son œuvre de destruction. Lorsqu'on partit de Moscou, il y avait encore, y compris le corps du roi de Naples et le huitième corps qui était resté à Mosaïsk, 116,000 hommes, dont environ 14,000 cavaliers montés et 4,000 démontés; un mois plus tard la garde comptait 14,000 hommes d'infanterie et 2,000 chevaux (y compris la division Claparède), le premier corps, 10,000 hommes, le troisième 6,000 hommes, le quatrième 5,000 hommes, le cinquième 800 hommes, le huitième 700 hommes, la cavalerie démontée, 300 hommes, les quatre corps de cavalerie de réserve, 1,900 hommes ; la cavalerie légère des corps d'armée, 1,200 hommes ; en tout, 37,000 hommes d'infanterie et 5,100 chevaux. Peu de temps après le passage du Dniéper, il ne restait d'autre cavalerie que 1,600 hommes environ de la garde et quelques centaines d'officiers qui avaient sauvé leurs chevaux jusque-là. A la Bérésina on ne comptait plus que 1,400 chevaux de la garde, 300 du troisième et cinquième corps, et 100 de la cavalerie de réserve ; en outre, l'armée y fut rejointe par 1,400 chevaux du deuxième corps (Ou-

Dniéper, il ne dut son salut qu'à une persévérance inouïe et au courage le plus admirable.

dinot) et par 800 du neuvième corps, qui n'avaient pas été à Moscou.

Les corps qui avaient été opposés à Wittgenstein, sur la Duna, et le neuvième, qui avait rejoint l'armée, furent entraînés sur la Bérésina dans l'horrible tourbillon de la déroute générale. Cependant, sur les bords mêmes de ce fleuve, devenu à jamais et si tristement célèbre, la division de cuirassiers de Doumerc se battit encore une fois vaillamment et avec succès ; mais ce fut le dernier combat réglé de cette funeste campagne. Les débris informes qui survivaient encore gagnèrent Vilna dans le plus affreux désordre. Napoléon, en quittant l'armée à Smorgonié, remit le commandement à son beau-frère ; mais nul ne pouvait plus commander ni obéir.

Le corps prussien, de même que le corps autrichien, ne partagea point les désastres de la grande armée française. Resté en dehors du torrent dévastateur qui se consuma lui-même en ravageant tout sur son passage, ce corps trouva des ressources pour subsister, et les troupes, garanties contre la famine, furent en état de mieux résister au froid, quoique dans leur camp le thermomètre tombât tout aussi bas que dans les camps français. Mais, les opérations de ce corps ne nous offrant pas d'observations d'un intérêt majeur, nous les passerons sous silence, ainsi que celles du dixième corps en Courlande, celles du deuxième et du sixième corps contre Wittgenstein, et enfin la campagne de Schwartzenberg contre l'armée russe du Danube.

Nous terminerons nos observations sur la campagne de 1812 par quelques mots au sujet des Cosaques.

Ces troupes ont acquis une grande célébrité dans le cours des campagnes de 1812, 13 et 14. Dans une grande partie de l'Allemagne, les Cosaques jouèrent le rôle principal depuis la retraite des Français jusqu'à l'arrivée de la nouvelle armée française sur la Saale; on voyait en eux les représentants de l'armée russe dont ils étaient les avant-coureurs. Ils furent témoins des premiers élans de la joie partout où l'on se félicitait d'être affranchi du joug des Français ; de même qu'ils prirent sur leur compte les premières terreurs de tous ceux qui redoutaient l'arrivée des Russes et de leurs Alliés. Le Cosaque que le colonel Tettenborn envoya de Hambourg à Londres au printemps de l'année 1813, y reçut un accueil qui ne s'accorde pas toujours à des généraux fameux : on se pressait en foule autour de lui, comme une année plus tard autour de Blücher. En France, lorsque les Russes, les Autrichiens, les Prussiens, les Bavarois et les Wurtembergeois eurent envahi ce pays, on disait : « Les Cosaques sont à Troyes, les Cosaques sont à Châlons, les Cosaques marchent sur Paris, les Cosaques veulent faire un houra général, etc. » La langue française, qui taille tout de suite des mots à ses idées populaires, créa en leur honneur le verbe *cosaquer*, dont le passif renfermait à peu près tout ce qui peut arriver de pire à un homme tombé entre les mains d'un ennemi redouté. Les feuilles officielles affectaient de parler des Cosaques beaucoup plus que des troupes régulières, afin de pouvoir traiter les opérations des Alliés comme des courses sans importance et sans but arrêté ; mais la nation ne prenait pas le change : au lieu de mépriser les entreprises des Alliés, elle ne put qu'attribuer plus de gravité à celles des Cosaques, et le 31 mars lorsque les Alliés firent leur entrée dans la capitale, les Parisiens furent fort étonnés de voir défiler, derrière les Cosaques de la garde qui ouvraient la marche, tant d'escadrons de belle cavalerie et de bataillons de grenadiers.

La civilisation, qui s'est si rapidement propagée depuis quelques siècles, a effacé beaucoup de ces différences qui distinguaient autrefois les nationalités diverses de l'Europe. L'uniformité de l'organisation et de l'éducation militaires a achevé de niveler presque partout les qualités guerrières des peuples, du moins dans l'Europe chrétienne, de telle façon qu'un soldat portugais ressemble à un soldat russe, un soldat suédois à un soldat napolitain. Les qualités nationales des Cosaques, au contraire, se distinguent d'une manière tellement frappante de celles des autres troupes européennes, qu'ils devaient nécessairement attirer l'attention, d'autant plus qu'ils étaient tantôt précédés de la renommée de leurs exploits, et que tantôt aussi c'étaient eux qui précédaient la nouvelle des défaites des Français. Pour les hommes sérieux, qui auraient voulu réveiller chez les peuples cet esprit belliqueux dont ils étaient animés jadis, l'aspect d'un peuple, guerrier de sa nature, ne pouvait manquer d'offrir un intérêt véritable comme sujet d'étude. Pour d'autres, il suffisait de l'attrait de la nouveauté pour s'en occuper quelque temps; aussi vit-on des pantalons, des bonnets, des brides, des selles *à la cosaque*; les poètes chantaient *ces héros du Don*; les journaux fourmillaient de notices et de mémoires relatifs à ce singulier peuple. Bref, les Cosaques furent à la mode dans toute l'Europe, qu'ils remplirent beaucoup plus de leur nom que de leurs faits et gestes.

Bien des officiers ont eu occasion d'observer un poulk de Cosaques devant l'ennemi, au combat, aux avant-postes, en marche, soit en avant, soit en retraite. Ils auront certainement remarqué que ce qu'on doit louer chez eux n'est pas aisé à imiter et à reproduire ailleurs; tandis que ce qu'une autre troupe pourrait s'approprier de leur manière d'être, sans leur caractère national, ne serait nullement un progrès ni un perfectionnement.

Le Cosaque, infatigable comme son cheval, et insensible à toutes les intempéries du ciel, supporte des marches énormes et des bivouacs continuels, sans que personne s'inquiète ni de le vêtir, ni de le nourrir; aidé d'une sorte d'instinct particulier, il s'oriente partout sans carte, sans guide et sans connaître l'idiôme de la localité; son habileté à passer les rivières à la nage et à gravir les montagnes lui donne une hardiesse extrême; mis sur la piste d'un ennemi, il le surveille nuit et jour, sans jamais le perdre de vue, sans que rien puisse tromper sa vigilance; dès qu'il a un instant de repos, il s'applique avec une sorte d'amour à nourrir, à panser, à soigner son fidèle coursier. Mais toutes ces qualités, précieuses sans contredit pour un cavalier, ne peuvent s'inoculer à volonté dans la première troupe venue qu'on se plairait à créer sur le modèle des Cosaques; ce sont presque toutes des dons naturels, des facultés innées qui sont le résultat intime de la nationalité, de l'éducation, de la constitution sociale et du genre de vie de ce peuple, et il ne suffit pas de vouloir les copier pour se les assimiler,

Mais s'il y a dans la nature du Cosaque un côté brillant formé par un genre tout spécial d'aptitude, il y a aussi une contre-partie beaucoup moins avantageuse, et qui se montre à son tour dès qu'il s'agit d'engager un combat sérieux contre de bonnes troupes disciplinées. Cette constance d'airain qui leur fait supporter tous les genres de fatigue et de privations qu'impose la guerre, s'évanouit chez le Cosaque aussitôt qu'il donne sur un ennemi qui se met vigoureusement en état de défense ; les premières balles arrêtent d'ordinaire sa fougue et mettent un terme à ses entreprises ; hardi et aventureux dans ses expéditions, tant qu'il ne s'agit que d'obstacles locaux, il lâche pied sans scrupule quand il lui faudrait vaincre une résistance armée un peu énergique, et notre temps offre bien peu d'exemples d'une troupe en bon ordre, à cheval ou à pied, vaincue par les Cosaques dans un combat régulier et dans des conditions ordinaires. L'armée française n'a point été *cosaquée*, tant qu'elle a été en état de combattre, et les Cosaques ont bien peu contribué à la ruine des Français en Russie : seulement, pendant la retraite de Moscou, ils ramassaient et faisaient prisonniers chaque jour des troupes de ci-devant soldats, à demi morts de faim, de misère et de froid.

L'armée russe, qui apprécie parfaitement la véritable valeur des Cosaques, ne les regarde nullement comme des combattants promprement dits, un jour de bataille ; mais elle les considère comme des auxiliaires utiles, comme un supplément de forces très propre à se charger de certains accessoires. Hors du champ de bataille, en effet, les Cosaques déchargent la cavalerie légère régulière de tout le service des avant-postes, de sorte que celle-ci peut réserver et ménager toute sa force pour le combat. Cet état de choses donne certainement à l'armée russe un avantage notable sur toute autre armée dénuée d'un supplément d'auxiliaires analogues ; mais si la cavalerie russe tout entière n'était composée que de Cosaques, tels que ceux d'aujourd'hui, cette cavalerie ne gagnerait jamais une bataille contre aucune armée européenne ; elle perdrait toute sa valeur sur le champ de bataille, parce que les Cosaques n'ont aucune consistance tactique, et que c'est pour cette raison que leurs attaques échouent contre la moindre résistance un peu sérieuse.

Gardons-nous cependant de conclure de ceci qu'il faudrait, au lieu de tirer parti des Cosaques tels qu'ils sont, les transformer, s'efforcer de leur donner plus de solidité, de les régulariser et d'en faire des soldats comme le sont les autres. Une pareille tentative, à part les mesures politiques qu'en exigerait l'accomplissement, serait encore fort hasardée au point de vue exclusivement militaire : il se pourrait très bien que les Cosaques y perdissent les qualités réelles qu'ils possèdent, sans y substituer celles qu'on voudrait leur donner. L'histoire fournit plus d'un exemple d'expériences de cette espèce qui ont échoué (1).

Quelque régulière ou irrégulière que soit une troupe, il est des moyens de la rendre plus brave, plus aguerrie qu'elle n'est, et à ce changement-là elle n'aura rien à

---

(1) On pourrait citer entre autres les Croates : emmaillotés dans le réglement de Lascy, ils perdirent leur ancienne mobilité sans gagner en consistance. Les ennemis de l'Autriche durent se féliciter de voir transformer en une infanterie médiocre, taillée sur le patron banal, une infanterie légère irrégulière, redoutable dans beaucoup d'occasions.

perdre. Le meilleur de ces moyens est l'exemple, mais surtout l'exemple d'en haut, donné par les chefs. La nature humaine n'a pas besoin d'une culture particulière, pour sentir et reconnaître la supériorité morale et intellectuelle d'un bon chef, et se sentiment fait naître, sans le concours de grands raisonnements, la confiance, l'obéissance et l'attachement. En usant de ce genre d'influence, un officier brave et intelligent peut parvenir même à mener au feu un poulk de Cosaques. Durant les dernières campagnes de l'Empire, les généraux Czernitchef, Tettenborn, Benkendorf et autres purent, grâce à leur ascendant personnel, exécuter à la tête de cette cavalerie si mobile et si inconsistante, quelques beaux coups, et justifier jusqu'à un certain point la réputation exagérée qu'on s'était plu à faire aux Cosaques. Cependant, même dans ces expéditions exceptionnellement remarquables, le peu de cavalerie régulière réunie aux Cosaques dut faire la meilleure part de la besogne, et se charger du rôle principal lorsqu'on en venait à se battre sérieusement.

Nous avons plusieurs fois eu occasion de parler des services que la cavalerie peut rendre en dehors du combat, services dont nous reconnaissons et proclamons la haute importance, mais dont nous ne pouvons nous occuper ici, puisque l'objet de notre livre est l'emploi de la cavalerie dans le combat. Or, le Cosaque est éminemment apte à se charger de tous les services qui peuvent être rendus par la cavalerie légère sans entraîner un engagement sérieux. Ceux qui s'imaginent qu'en général la cavalerie ne sert plus, dans notre nouvelle manière de faire la guerre, qu'à rendre de ces services secondaires, ou qui croient au moins y voir sa destination principale, ceux-là sont conséquents lorsqu'ils regardent les Cosaques comme le modèle et l'idéal de toute cavalerie. Heureusement il en est très peu, de ces antagonistes de la cavalerie, et l'on croit encore assez généralement que l'objet principal de la cavalerie est le même que celui des troupes de toute espèce et de toute arme, c'est-à-dire le succès remporté par des attaques convenablement combinées et exécutées avec ordre et avec bravoure ; cela est surtout vrai en parlant de la cavalerie, et il s'en suit qu'on peut étudier avec intérêt les Cosaques, ces *soldats naturels*, mais qu'on tomberait dans une erreur étrange en les regardant comme un type bon à reproduire et à imiter. Cette erreur serait surtout dangereuse pour une armée qui, ayant une cavalerie proportionnellement faible, serait obligée de suppléer au nombre par la qualité pour tenir honorablement son rang vis-à-vis de voisins plus puissants. Du reste, qu'on appelle les troupes légères à cheval cosaques, houlans, bosniaques, housards, mamelouks ou chevau-légers, qu'on les habille à la cosaque, à la polonaise, à la hongroise, à la turque ou à la française, c'est là une affaire de goût qui dépend de ceux que ces accessoires regardent. Il en est à peu près de même de la question tant débattue, s'il vaut mieux les armer de lances ou de sabres : l'essentiel, l'important n'est pas de savoir quelle arme porte un soldat, mais comment il la manie. La décoration extérieure est une affaire de parade ; elle ne peut influer sur les actions et les destinées d'une troupe que suivant l'idée particulière qu'on y attache relativement à l'emploi et à la destination des corps.

Dans l'examen des campagnes de 1740 à 1815 nous avons omis les guerres soutenues contre les Turcs soit par la Russie, soit par l'Autriche, quoique ces guerres offrent un certain nombre de faits parfaitement propres à figurer sur les pages de ce livre. Bien que les récits relatifs à ces faits soient très incomplets, nous en aurions cependant cité quelques-uns, si une autre considération ne nous eût pas arrêté. On ne peut guère décrire des campagnes contre un peuple qui diffère de nous aussi complètement par sa constitution, ses mœurs, sa culture et sa religion, sans entrer dans des détails sur son organisation militaire et sa condition politique. Mais cela nous aurait entraîné beaucoup trop loin, et nous avons mieux aimé laisser de côté toute cette partie de l'histoire militaire moderne, pour nous borner exclusivement aux guerres dont l'Europe centrale et occidentale a été le théâtre.

CHAPITRE II.

CAMPAGNE DE 1813

jusqu'à l'armistice du 4 juin.

Accablée dans les derniers mois de l'année 1812 par des malheurs inouïs, vaincue au milieu d'une contrée inhospitalière par les rigueurs excessives d'un hiver extraordinairement précoce, la grande armée française avait péri presque tout entière dans cet immense désastre. Quelques misérables débris, arrivés après tant de souffrances sur la Vistule où l'on essaya pour la première fois de les réorganiser un peu, purent seuls regagner l'Elbe dans le courant de l'hiver. Cependant l'armée russe elle-même avait essuyé des pertes énormes pendant la campagne; sa marche depuis Moscou jusqu'à l'Oder avait épuisé ses forces, et les renforts destinés à combler les vides n'avaient pu rejoindre assez rapidement. D'un autre côté, la Prusse seule avait eu jusqu'alors le courage de se détacher d'une alliance imposée par la force et d'armer contre Napoléon ; mais, malgré tous les moyens préparés à l'avance pour hâter les armements, il n'y eut vers la fin d'avril qu'un peu plus de 100,000 Prussiens sous les armes. La moitié de ces forces était nécessaire soit pour bloquer les places occupées par l'ennemi, soit pour mettre garnison dans celles dont on était maître (1). Il arriva donc que, faute d'une armée assez nombreuse pour contraindre les Français à abandonner l'Allemagne, les restes de l'immense armée qui avait péri en Russie purent se maintenir en Saxe et dans le royaume de Westphalie, sous la protection des forteresses de l'Elbe, jusqu'à ce que l'Empereur eût créé une nouvelle armée, et repassé le Rhin pour continuer la lutte.

Les commencements de la campagne, en avril 1813, ne répondirent point aux espérances impatientes de ceux qui appelaient de leurs vœux l'affranchissement de l'Allemagne. Ils auraient voulu qu'on profitât sur-le-champ des conjonctures favorables qui se présentaient, pour renverser ce qui subsistait encore de la domination française ; ils craignaient, non sans raison, que Napoléon se mît en œuvre toutes les ressources d'une excellente organisation militaire, tous les ressorts de sa politique, toute l'énergie de son caractère, toutes ses facultés comme général, pour rétablir sur une base solide sa prépondé-

---

(1) Les forces prussiennes étaient à cette époque, suivant Plotho :
de 57,161 hommes disponibles en campagne.
47,800 id. pour le blocus des places.
27,610 id. garnisons et dépôts.
total 132,571 id.

rance, profondément ébranlée mais non anéantie. Pourtant il était aisé de se convaincre, en calculant de sang-froid les forces réellement disponibles, qu'on ne pourrait employer aux opérations offensives, sur la rive gauche de l'Elbe, qu'une armée de 70,000 hommes (1), et que c'eût été une entreprise extrêmement périlleuse que de s'avancer en Thuringe avec une armée aussi faible. On se décida donc à attendre l'arrivée de l'armée principale des Russes, et le mois d'avril s'écoula sans qu'on entreprît aucune opération importante.

L'histoire générale datera probablement de l'année 1812 la chute de Napoléon, ne regardant ses dernières campagnes que comme de vaines tentatives pour ressaisir ce qu'il avait perdu. L'histoire militaire, au contraire, montrera, par le récit de ces mêmes campagnes, à quelles pertes immenses de tout genre, à quelles calamités affreuses, à quels revers en apparence irréparables les débris mêmes d'une brave armée sont capables de résister, lorsqu'ils sont commandés par un grand capitaine et appuyés sur une organisation militaire forte et bien entendue. Il y eut dans ces campagnes de 1813 et 1814 plus d'un moment critique où le résultat d'un seul combat, longtemps indécis,

---

(1) Corps prussien de Blücher, 25,000 h.
    Id. russe de Winzingerode, 13,000
    Id. russe de Wittgenstein, 8,000
    Id. prussien d'York,
    Id. prussien de Borstel, } 17,000
Détachements de Czernitchef, Dœrnberg et Tettenborn. 7,000
                      total 70,000

pouvait remettre Napoléon en état de braver encore l'Europe tout entière liguée contre lui : de sorte que jamais son épée ne pesa d'un plus grand poids dans la balance de la politique, que précisément dans cette dernière période de son règne, où les plus timorés mêmes le croyaient à bout de ressources, et faisaient entendre leur voix si longtemps muette.

Combat de Danigkow.

(5 avril 1813.)

Vers le milieu du mois de mars, le corps de Blücher, qui s'était formé en Silésie, se mit en marche pour la Saxe; celui d'York arrivait vers la même époque à Berlin, et les troupes qui se trouvaient en Poméranie et dans la Prusse se portaient sur l'Oder. Dans les premiers jours d'avril, l'armée de Wittgenstein, forte de 27,000 hommes, et composée des corps prussiens de Bülow, York et Borstell et de la division russe de Berg, s'approcha de l'Elbe.

Le 5, elle attaqua le vice-roi d'Italie à Danigkow. La cavalerie prussienne (1er et 2e hussards de la garde, dragons de Lithuanie, 1er régiment de dragons de la Prusse occidentale et 2 escadrons de dragons de la reine) et la cavalerie russe (hussards de Grodno et Cosaques de la division Berg) exécutèrent plusieurs charges avec succès, malgré les difficultés que leur opposait le terrain marécageux des bords de l'Ihlebruch. La charge exécutée par le général Oppen, qui commandait l'avant-garde de la colonne de Bülow, mérite surtout une mention particulière. Près du village de Zehderick, sur la route de Mœckern à Magdebourg, ce général donna sur une arrière-garde ennemie, composée de 1,200 chevaux, 3 bataillons et 1 batterie. A la tête de 7 escadrons, le général Oppen chargea la cavalerie française qui s'était postée derrière un fossé et reçut les Prussiens par une décharge de mousquetons. Ni ce feu ni le fossé n'arrêtèrent les dragons et les hussards d'Oppen ; les Français furent repoussés avec une perte de 150 prisonniers et de bon nombre de morts. En tout, cette journée fit perdre aux Français, en prisonniers seulement, 955 hommes, dont 20 officiers ; les Alliés eurent environ 600 hommes tués ou blessés, dont 9 officiers.

A la suite de cette affaire, le vice-roi se replia sur Magdebourg. Wittgenstein passa l'Elbe à Roslau, en laissant toutefois le corps de Bülow sur la rive droite, pour investir Magdebourg de ce côté.

Le combat de Danigkow, ou de Mœckern, était un début de bon augure pour la campagne qui s'ouvrait : toutes les troupes qui avaient été au feu s'étaient parfaitement comportées. La cavalerie n'était point restée en arrière des autres armes ; elle avait partout culbuté celle de l'ennemi et exécuté sans éprouver un seul échec ce que les circonstances lui commandaient.

Vers le milieu d'avril, le corps de Blücher arriva dans le voisinage d'Altenbourg ; Winzingerode était à Leipzig ; Witgenstein avait son quartier-général à Dessau. Le 10, ce général tenta, mais sans succès, une attaque sur Wittenberg. Dans la seconde quinzaine d'avril, le corps se porta au sud vers Leipzig, et le quartier-général fut transféré à

Delitsch. Les détachements des généraux Dœrnberg et Czernitchef et du colonel Tettenborn étaient sur le Bas-Elbe. Dœrnberg et Czernitchef livrèrent le 2 avril le combat de Lunebourg; Tettenborn avait occupé Hambourg le 18 mars.

La cavalerie légère du corps de Blücher étendait ses courses en Thuringe et en Franconie, préludant à la grande lutte qui allait s'engager par quelques entreprises bien conçues et hardiment exécutées. Le 17 avril, à deux heures du matin, le major Hellwig, à la tête de 120 hussards surprit un régiment d'infanterie ennemie à Langensalza, où il était arrivé à l'improviste par des marches forcées, et s'empara de 5 bouches à feu. Peu de temps après, le même officier exécuta à Wanfried, dans la Hesse, une surprise heureuse contre trois escadrons de hussards et de chevau-légers de la garde westphalienne. Le capitaine Colomb prit à Gotha plusieurs canons, des caissons et un certain nombre de fusils. Le 11 avril, le major Blücher livra près de Weimar un combat glorieux avec deux escadrons contre deux régiments de cavalerie; les ayant chargés au moment où ils débouchaient de la ville, il leur enleva 40 chevaux et plusieurs prisonniers. Une patrouille de 46 hommes, commandée par le lieutenant de Katte, du régiment des hussards de Brandebourg, envoyée sur Cobourg le 22 avril, se glissa à travers les cantonnements ennemis en marchant de nuit, enleva un aide-de-camp du général Bertrand, porteur de dépêches très importantes, et rejoignit son régiment au bout de quatre jours. On voit par ces exemples que l'armée prussienne, en ressuscitant, voyait renaître cet esprit hardi et vigoureux qui doit toujours animer cette arme.

La marche des troupes que Napoléon faisait venir de

France, d'Italie et des pays allemands encore soumis à son pouvoir, ne pouvait rester ignorée des Alliés : car les détachements poussés en avant observaient tous les mouvements de l'ennemi, et, d'un autre côté, de nombreuses intelligences, ménagées dans toutes les parties de l'Allemagne, les tenaient au courant de tout ce qui s'y passait. Pendant que les troupes françaises se rassemblaient en Thuringe, l'armée russe principale arrivait sur l'Elbe. Le 28 avril, l'empereur de Russie et le roi de Prusse firent leur entrée à Berlin. Le comte Wittgenstein était à Delitsch; son corps, entre l'Elbe, la Saale et la Mulde, au nord de Leipzig; le général Kleist occupait Halle.

Winzingerode était à Lützen, ayant ses avant-postes à Mersebourg, à Weissenfels et le long de la Saale. Blücher, formant la gauche de l'armée combinée, se trouvait à Altenbourg.

A cette époque l'armée du vice-roi était postée entre la Basse-Saale et la Wipper, son quartier-général à Mansfeld. Elle se composait du deuxième, du cinquième et du onzième corps d'armée (Victor, Lauriston, Macdonald), et du corps de cavalerie de Latour-Maubourg, formé de quatre divisions ou 22 régiments et évalué à 10,000 chevaux. Mais ce chiffre était trop fort de moitié, parce que de plusieurs régiments il ne subsistait que de faibles débris.

Napoléon, avec 22 bataillons et la cavalerie de sa garde, était à Erfurth.

Ney (troisième corps) était entre Weimar et Eckartsberga; ses avant-postes, placés le long de la Saale, occupèrent le 25 le défilé de Kœsen; Bertrand (quatrième corps) était à Saalfeld ; Marmont (sixième corps) à Gotha ; Oudinot (douzième corps) à Cobourg.

Une division de la jeune garde, le corps de cavalerie de Sébastiani, composé de deux divisions de cavalerie légère et d'une division de cuirassiers, enfin plusieurs régiments d'infanterie étaient encore en arrière et en marche, venant du Rhin (1).

Bataille de Gross-Gœrschen ou de Lützen.

(2 mai 1813.)

Dans les derniers jours du mois d'avril l'armée des Alliés se concentra au sud de Leipzig. Le 1er mai, elle occupait les positions suivantes :

Le corps d'York, fort de 10,000 hommes (12 bataillons 12 escadrons, 6 batteries), et la division russe de Berg, 7,450 hommes (21 bataillons, 3 escadrons, 1 poulk de Cosaques, 3 batteries) étaient près de Zwenkau. Blücher, avec 23,350 hommes (22 bataillons, 43 escadrons, 10 batteries et demie) était à Rœtha. Winzingerode et le prince Eugène de Wurtemberg, avec 10,528 Russes (19 bataillons, 29 escadrons, 3 poulks, 7 batteries) se trouvaient entre Zwenkau et Pégau, ayant leurs avant-postes sur l'Elster. Le général Kleist, avec 2,800 Prussiens et 3,000 Russes (4 bataillons et demi, 4 escadrons, 1 batterie), était à Lindenau, devant Leipzig. La garde et les réserves russes

---

(1) Le premier corps (Davoust) était alors à Giffhorn, en marche sur Hambourg.

(17,350 hommes, dont 5,500 de cavalerie ; 24 bataillons 55 escadrons, 15 batteries) se trouvaient à Lobstædt. Le quartier-général des monarques alliés fut transféré ce jour-là à Borna. Wittgenstein avait été investi du commandement général de toutes ces forces. Le général Miloradowitch, enfin, se trouvait à Altenbourg avec 11,000 hommes.

Vers la fin d'avril, les armées françaises avaient franchi la Saale, et l'avant-garde du corps de Ney se trouvait, le 29, à Weissenfels où Napoléon arriva le 30. Le onzième corps, ayant attaqué Mersebourg le 29, en avait chassé un détachement prussien et s'était emparé de ce point de passage; le 30, le vice-roi y arriva, se trouvant dès-lors en communication avec l'Empereur. Le 1er mai, Napoléon se porta de Weissenfels sur Lützen avec sa garde et le troisième corps. Il y eut de ce côté, avec le corps de Winzingerode, un engagement où Bessières fut emporté par un boulet. Ce combat, du reste, se borna à une vive canonnade; l'infanterie française marchait formée en grands carrés de quatre bataillons, la cavalerie et l'artillerie derrière ces masses et dans leurs intervalles. Cet ordre, parfaitement approprié à l'armée et à la nature du terrain, prouve que Napoléon appréhendait jusqu'à un certain point les charges que la cavalerie des Alliés pourrait exécuter contre ses jeunes conscrits. L'Empereur marchait ainsi sur Leipzig, où le vice-roi se dirigeait également de son côté. Le 1er mai au soir, les Français étaient distribués comme il suit : Napoléon, avec les grenadiers et la cavalerie de sa garde, était à Lützen ; 16 bataillons de la jeune garde et le 6e corps occupaient Weissenfels ; le 3e corps occupait les villages de Kaja (quartier-général de Ney), de Gross-Gœrschen, de Klein-Gœrschen, de Rahno et de Starsiedel ; le 4ᵉ corps (Bertrand) arrivait à Poserne; le 12ᵉ (Oudinot) à Naumbourg; le vice-roi, avec le 11ᵉ corps, était à Mark-Ranstædt ; le 5ᵉ corps se trouvait à Gunthersdorf, entre Mersebourg et Leipzig.

Depuis que Napoléon commandait des armées, il avait presque toujours réussi à tromper ses adversaires sur le point où il se proposait de porter ses coups décisifs, et à profiter de leur erreur pour prendre toutes ses mesures, concentrer ses forces, et écraser son ennemi surpris en se précipitant sur lui avant que celui-ci eût le temps de disposer ses forces pour recevoir l'attaque. En étudiant avec attention ses campagnes, depuis celle de 1796, où il se précipite du haut de l'Apennin avec l'armée d'Italie, pour repousser d'abord les Autrichiens et accabler ensuite les Sardes, jusqu'à celle de 1814, où, à la tête des derniers débris de tant de puissantes armées, il remporte encore une suite de victoires qui ne furent stériles qu'à cause de l'immense supériorité numérique de ses adversaires, on peut se convaincre qu'il dut une partie de ses succès les plus éclatants à son habileté en ce genre. Cette fois, cependant, il ne put parvenir à jeter les Alliés dans la même illusion : on comprit que son intention était de concentrer ses forces autour de Leipzig, de s'emparer ensuite de la communication la plus directe avec l'Elbe, de prendre l'offensive et, si le succès répondait à ses espérances, de jeter dans l'Erzgebirge l'armée russe et prussienne combinée. On résolut donc de passer l'Elster le 2 mai, avec toutes les troupes disponibles et de se précipiter sur Lützen ; on voulait par là déranger la *sublime manœuvre* de l'Empereur, comme les relations françaises qualifient avec raison le plan conçu par Napoléon, en attaquant son armée pendant qu'elle était en marche et que toutes ses forces n'étaient point concentrées, et en la réduisant, si on réussissait à la vaincre, à une défensive qui pouvait être désavantageuse et difficile pour les Français, d'abord parce qu'on les empêchait de gagner Leipzig, et ensuite parce qu'on se proposait de s'emparer de la route de Weissenfels et de les refouler sur Mersebourg en les prenant en flanc. Cette idée était bonne. Le moment et le lieu de l'attaque étaient également bien choisis, puisque les réserves russes n'étant pas encore arrivées, on n'avait pas pû l'exécuter plus tôt.

Les forces engagées dans cette opération s'élevaient à 45,600 hommes d'infanterie, 15,650 de cavalerie, 1,650 Cosaques, 6,225 hommes d'artillerie (98 1|2 bataillons, 138 escadrons, 42 batteries), en tout 69,125 hommes (1). Les deux souverains alliés savaient bien que l'armée ennemie était beaucoup plus nombreuse; mais, d'un côté, on pouvait compter qu'on ne la trouverait pas réunie tout entière, puisqu'elle s'étendait de Leipzig à Weissenfels;

---

(1) Le corps de Miloradowitch ne prit point part à la bataille et resta à Zeitz sur l'ordre de Wittgenstein (Voy. Plotho., t. 1, p. 101). Kleist resta près de Leipzig. L'armée qui se battit à Gross-Gœrschen se composait des forces suivantes :

Corps de Winzingerode.	19 bat.	19 escad.	7 batteries.	
Réserve russe.	24 »	55 »	15 »	
Division Berg.	21 »	3 »	3 »	6 poulks.
Corps du général York.	12 1|2 »	12 »	6 1|2 »	
Corps de Blücher.	22 »	43 »	10 1|2 »	
Total.	98 1|2 bat.	132 escad.	42 batt.	6 poulks.

de l'autre, on était fondé à croire que les troupes combinées compensaient par une qualité supérieure le désavantage du nombre. Il est bien certain, en effet, que jamais une armée ne fut animée de meilleurs sentiments, ni mieux préparée au combat que celle des Alliés dans cette bataille : telle qu'elle était, elle aurait pu soutenir la lutte contre les vieilles bandes impériales qu'avait dévorées l'hiver de Russie. Comment donc aurait-elle craint de se mesurer avec des troupes recrutées et réunies à la hâte, qui n'avaient conservé des vétérans victorieux de Napoléon que les dénominations, mais dont la majeure partie, en réalité, ressemblait plus aux Français de Valmy et de Neerwinde qu'à ceux de Marengo, d'Austerlitz, d'Iéna et de Wagram.

Une autre considération qui pouvait peser d'un certain poids dans les résolutions des Alliés, c'est qu'à leur cavalerie, forte de 15,000 hommes, les Français ne pouvaient opposer au plus que 5,000 chevaux dans les plaines spacieuses où l'on comptait les attaquer. Les dispositions offensives pour la bataille, le courage et l'excellent esprit des troupes, la nature du terrain désigné comme champ de bataille, tout semblait présager à la cavalerie russo-prussienne les plus beaux succès, ou lui promettre au moins l'occasion d'exécuter quelques beaux faits d'armes; et pourtant, rien de tout cela ne se réalisa. Les Alliés ont voulu grossir de cette journée le nombre de leurs victoires ; mais dans ce prétendu triomphe qu'elles se plurent à proclamer, l'histoire impartiale ne peut voir qu'une défaite : le but des Alliés ne fut point atteint ; leur cavalerie notamment ne fit absolument rien de décisif, et essuya de grandes pertes sans rendre de notables services. Peut-être, après avoir lu notre récit sommaire de la bataille et les réflexions dont nous le faisons suivre, se rendra-t-on compte des causes qui trompèrent une attente en apparence si fondée, et de ce qu'il eût fallu faire pour y répondre par un meilleur succès.

Dans la nuit du 1er au 2 mai, l'armée combinée quitta les positions indiquées ci-dessus, et passa l'Elster à Pégau et à Storkwitz. Le corps de Blücher devait former la première ligne; York, avec son corps et la division Berg, la seconde; Winzingerode devait attaquer la droite de l'ennemi et gagner la route de Weissenfels; la garde et les grenadiers russes, ainsi que la cavalerie de réserve, suivirent le mouvement de Blücher dans la direction de Gross-Gœrschen. Vers midi, l'armée combinée se déployait derrière la côte à une demi-lieue de Gœrschen, entre Werben et Domsen, la droite appuyée au Flossgraben. Près de Gross-Gœrschen, on voyait campée une division ennemie ; un prisonnier déclara que c'était celle de Souham, du corps de Ney, placé dans les villages voisins et à l'entour; sur la route de Weissenfels à Leipzig, par Lützen, on apercevait de fortes masses de troupes en marche qui, comme la veille, paraissaient formées en grands carrés, ouverts par derrière.

Wittgenstein prit pour des avant-postes les troupes placées auprès de Gross-Gœrschen, bien qu'on n'aperçût nulle part ni grand'gardes, ni patrouilles, et pensa que le gros de l'ennemi se trouverait vers Lützen. Dans cette supposition, il voulut enlever les villages qu'il avait devant lui, tout en dirigeant son attaque principale contre la droite de l'ennemi ; cette dernière partie de l'opération était confiée plus spécialement au corps de Winzingerode. Dès qu'on aurait gagné le flanc de l'ennemi, une attaque décisive devait être faite par 30 escadrons de cavalerie prussienne et 3 batteries à cheval, sous les ordres du colonel de Dolfs, que devait appuyer le gros de la cavalerie russe de réserve. Il était plus d'une heure, lorsque le corps de Blücher, brigades Ziethen et Klüx, marcha à l'attaque.

Le terrain qu'on avait désigné pour servir de champ de bataille est uni et découvert. Le Flossgraben, canal qui va de Zeitz à Mersebourg, joignant la Saale à l'Elster et coupant entre Lützen et Markranstædt la route de Weissenfels à Leipzig, forme à l'est de ce terrain un obstacle qui s'oppose aux mouvements de la cavalerie ; mais depuis la rive gauche de ce canal jusqu'à la Rippach, rien ne gêne le déploiement et les mouvements d'une nombreuse cavalerie, si ce n'est les villages, semés en assez grand nombre et rapprochés les uns des autres, comme cela arrive dans des contrées fertiles. Quelques chemins creux se présentent çà et là ; mais ils sont faciles à tourner dans toutes les directions, Les champs de Rossbach et de Reichardtswerben, rendus fameux par les exploits de Seydlitz, sont infiniment moins propres à servir d'arène à un grand corps de cavalerie, que ceux qui s'étendent entre Rahna, Starsiedel, Gosserau et Lützen. Près de la rive gauche du Flossgraben, à l'endroit où il se détourne à l'ouest, et à une lieue environ de Lützen, il y a quatre villages, Gross-Gœrschen, Klein-Gœrschen, Rahna et Kaja, disposés de manière à former les angles d'un tétragone irrégulier, sur un espace de 7 kilomètres carrés à peine. L'intérieur du quadrilatère est couvert de prairies, de jardins et de plantations d'arbres, de sorte que cette portion de terrain est, à plusieurs lieues à la ronde, une des plus défavorables pour la cavalerie, et notamment pour le parti attaquant.

Les villages n'ont aucune qualité particulière pour la défense : aussi furent-ils pris et repris par les deux partis; mais la difficulté de marcher en ordre à l'attaque d'un second village avec les troupes qui en ont pris un premier, donne à la défense de grands avantages, même lorsqu'elle est numériquement plus faible que l'attaque. Or, ce fut ce point précisément qui devint le pivot de la bataille : l'infanterie prussienne et une partie de l'infanterie russe épuisa ses forces à disputer ces villages aux Français, tandis qu'une nombreuse cavalerie restait à deux pas dans une complète inaction, comme si le sort de l'Europe eût été lié à la possession de ce bout de terrain, et que la victoire, incorporée à quatre villages insignifiants, n'eût pas pu se rencontrer ailleurs.

L'armée alliée se forma pour l'attaque de Gross-Gœrschen, les brigades Klüx et Ziethen en première ligne, celle du général Rœder (la garde prussienne) en seconde. Derrière celle-ci venaient le corps d'York et la division Berg. L'infanterie des brigades formait trois lignes, suivies de la cavalerie de chaque brigade. Vingt escadrons de cuirassiers prussiens, commandés par le colonel Dolfs, s'avancèrent au trot vers Starsiedel et se mirent en bataille à 2,000 pas de ce village; la cavalerie du corps de Winzingerode se déploya près de Domsen.

Le général Klüx délogea la division Souham du village de Gross-Gœrschen ; mais cette division fut appuyée par les autres divisions du corps de Ney, il fallut soutenir Klüx, et en peu de temps le corps de Blücher se trouva engagé dans un combat extrêmement vif. Nous passons sous silence les détails de cet engagement, mémorable surtout pour l'infanterie prussienne ; la cavalerie des brigades exécuta plusieurs charges assez heureuses, mais qui, en définitive, ne purent entamer d'une manière décisive les masses d'infanterie ennemie.

Napoléon était à l'armée du vice-roi, dans le voisinage de Leipzig, au moment où le bruit des décharges d'artillerie, dans la direction de Gross-Gœrschen, lui apprit ce qui se passait de ce côté. Aussitôt il ordonna au vice-roi de renoncer à l'attaque de Leipzig, et de marcher vers le point attaqué. Le même ordre fut expédié à toutes les troupes placées entre Weissenfels et Leipzig. Ney eut ordre de faire tous ses efforts pour se maintenir dans sa position. L'Empereur en personne partit au galop dans la direction où l'appelait le feu de plus en plus vif.

Lorsque les cuirassiers prussiens de Dolfs s'approchèrent de Starsiedel, ils trouvèrent devant eux, près de ce village, la division Girard. Trois bataillons, accompagnés d'un peu de cavalerie, sortirent du village ; le prince Guillaume de Prusse les ayant chargés à la tête du régiment des cuirassiers de Brandebourg, culbuta le premier bataillon. L'ennemi s'arrêta aussitôt, mais conserva sa position près du village, de sorte que cette charge n'eut aucun résultat utile. Derrière Starsiedel on apercevait une forte colonne en marche ; c'était le corps de Marmont qui arrivait de Weissenfels.

Si, dans cet instant, le corps de Blücher n'avait pas été déjà engagé tout entier dans le combat autour de Gross-Gœrschen, il eût été bon, peut-être, de faire une attaque contre Starsiedel ; l'ordre en fut réellement donné ; mais on le retira aussitôt, se contentant de pousser en avant, du côté de Kœlzen, la cavalerie du corps de Winzingerode, qui y resta en position, comme la cavalerie prussienne. L'infanterie de ce corps, commandée par le prince Eugène de Wurtemberg fut dirigée, contrairement aux dispositions premières, vers la droite du côté d'Eisdorf, afin d'y franchir le Flossgraben et de prendre à revers le village de Kaja. L'arrivée des troupes du vice-roi arrêta ce mouvement : le prince de Wurtemberg ne put parvenir que jusqu'à Eisdorf, et ce ne fut qu'avec les plus grands efforts et soutenu par quelques régiments de la garde russe, qu'il empêcha les Français de franchir eux-mêmes le Flossgraben en débouchant d'Eisdorf.

La lutte autour des villages devenait de plus en plus acharnée : peu à peu toute l'infanterie russe et prussienne y fut entraînée, à l'exception de la garde russe. Cependant la garde impériale française arriva près de Kaja, reprit ce village, et se déploya entre Kaja et Starsiedel avec les divisions Morand et Bonnet. Soixante pièces de canon, mises en batterie sur la hauteur entre ces deux endroits, couvraient de leurs feux la cavalerie rangée dans la plaine et l'infanterie placée autour de Rahna et dans ce village.

Le jour était à son déclin. Les forces des troupes étaient épuisées. Les Français avaient encore une quantité de troupes disponibles, qui n'avaient guère ou point souffert et, par conséquent, pouvaient relever les corps fatigués. L'Empereur était le soir à la tête de 90,000 hommes d'infanterie, 7,000 d'artillerie et 5,000 de cavalerie. Les Alliés, au contraire, n'avaient plus aucune infanterie pour renouveler le combat, sauf la garde russe ; la plus grande partie de leur cavalerie n'avait rien fait encore, il est vrai ; mais celle des Prussiens avait déjà beaucoup souffert du feu de l'artillerie française (1); l'artillerie était presque toute au feu depuis huit heures. Il y avait bien encore 50 escadrons intacts de cavalerie de réserve russe; mais on ne pouvait rien en faire sur le terrain où l'on se battait depuis midi, et c'eût été une entreprise excessivement difficile de vouloir donner maintenant une autre direction à l'attaque. Si même on eût eu envie de le tenter, il était aisé de voir qu'on avait dès longtemps manqué le moment favorable. Au point où en étaient arrivées les choses, c'eût été une témérité sans excuse que d'attaquer, avec des régiments ébranlés par le feu de l'ennemi, 60 bouches à feu et l'élite de l'armée française. Une manœuvre qui pût rétablir la situation n'était guère plus praticable puisque déjà l'ennemi avait le dessus, et que la cavalerie était forcée de conserver et de défendre le terrain où elle était en position. Il ne restait donc d'autre parti à prendre que de terminer cette journée meurtrière en rassemblant les troupes, en remettant de l'ordre dans leurs rangs et en se maintenant au moins sur une partie de ce champ de bataille abreuvé de tant de sang.

L'idée d'entreprendre quelque chose avec la cavalerie avait été plusieurs fois mise sur le tapis parmi les Alliés; car il n'entrait nullement dans leur plan de l'employer comme elle le fut, et il ne manquait pas d'hommes qui désirassent d'en voir faire un tout autre usage et qui fussent parfaitement capables de la conduire. Des influences

(1) Le régiment des gardes du corps perdit, dans cette journée, 5 officiers, 12 sous-officiers, 5 trompettes. 174 cavaliers et 238 chevaux. Aucune bataille de la guerre de Sept-Ans ne fit, à proportion, éprouver d'aussi cruelles pertes à aucun régiment de cavalerie prussienne.

personnelles, dont nous ne voulons pas faire le commentaire, firent donner à la bataille une tournure telle qu'il semblait que dans l'ardeur du combat d'infanterie on eût entièrement oublié la cavalerie. En ne nous en tenant qu'aux faits, tels quels, nous voyons qu'on laissa échapper le moment de tenter un coup décisif avec le gros de la cavalerie, et que plus tard, après avoir engagé toute l'infanterie pour disputer les villages, on fut obligé de mettre la cavalerie en position, contrairement à la destination de cette arme, et de la laisser exposée, dans ce rôle tout passif, au feu de l'artillerie ennemie. On s'était mis dans le cas de ne plus pouvoir même la retirer des points qu'elle occupait sans s'exposer à une défaite totale qu'on aurait bien certainement essuyée, si Napoléon avait encore eu sa vieille cavalerie.

Le désir de faire quelque chose dans ce sens était néanmoins si vif chez la cavalerie alliée, que le soir on fit encore une tentative pour exécuter, avec 9 escadrons et par surprise, ce qu'on n'avait pas entrepris d'exécuter le jour avec des forces dix fois plus considérables. Vers neuf heures du soir, le colonel Dolfs, à la tête de ces 9 escadrons, se porta contre les bivouacs français, entre Gœrschen et Sœhesten. Dans l'obscurité on rencontra un chemin creux qu'il aurait été facile d'éviter en plein jour, et qui devint alors un obstacle gênant. L'ennemi était encore sous les armes, et venait, un instant auparavant, de culbuter par une attaque inopinée un régiment de cavalerie prussienne. L'attaque de Dolfs causa un moment de panique; mais, mal appuyée, elle n'eut pour résultat que de donner à entendre aux Français ce qu'on aurait pu entreprendre contre eux, si l'on s'y était pris à temps. Ce fut, pour nous servir d'une expression d'Alexandre, un faible essai de dérober une victoire qu'on n'avait pas su emporter au grand jour.

Dans la nuit, les deux armées se retirèrent : les Français vers Lützen, les Alliés de l'autre côté du Flossgraben. La cavalerie du corps de Winzingerode, 16 escadrons prussiens et la brigade Steinmetz, du corps d'York, restèrent sur le champ de bataille.

En examinant avec soin les évènements de cette journée, on se pose tout d'abord cette question : Etait-il nécessaire et convenable de traiter comme affaire principale la lutte pour la possession des villages ? — Cette question entre au fond même de l'art de la guerre et son développement excéderait de beaucoup les bornes que nous nous sommes prescrites; cependant, nous ne pouvons passer ce point tout-à-fait sous silence, car ce n'est qu'en prenant d'un peu plus haut les dispositions d'attaque de la bataille de Gross-Gœrschen, que nous pourrons expliquer comment on aurait pu donner à cette bataille une direction différente, à laquelle la cavalerie aurait mieux trouvé son compte.

Si sur beaucoup de points de la tactique les usages actuels de la guerre sont en contradiction avec les principes de l'ancienne école de Frédéric II, c'est surtout à propos de la question de savoir s'il faut chercher ou éviter les combats dans les villages. Les instructions de Frédéric se prononcent d'une manière précise et absolue pour la négative; il ne veut pas que son infanterie se dessaisisse jamais de l'avantage que lui donnaient son habileté à combattre en bon ordre, la promptitude de ses manœuvres, la rapidité et la régularité de ses feux : c'était son côté fort. Il ne veut pas que dans une attaque on occupe les villages, parce qu'on y perd du temps au lieu de poursuivre vigoureusement l'ennemi : cette règle fut expressément inculquée aux troupes en plusieurs occasions. Cependant Frédéric, quoique l'offensive fût le principe fondamental de sa tactique, ne pouvait s'empêcher de reconnaître qu'il y a des cas où l'on doit se tenir sur la défensive, et pour ces cas-là, non seulement il recommandait, mais il ordonnait même d'occuper les villages, les maisons, les clôtures maçonnées, etc. Alors il était prescrit, en règle générale, de retrancher ces points, et, si le temps ou les circonstances s'y opposaient, de considérer et de défendre comme un retranchement la partie la plus tenable, telle que cimetière, etc.

Dans la tactique moderne, le principe contraire s'est établi. Une foule d'exemples montrent que, dans les batailles les plus décisives, on a souvent considéré les villages comme le pivot de l'action, leur prise et leur défense comme l'objet le plus important pour lequel il fallait ne craindre ni efforts ni sacrifices. Et ce n'est pas seulement la nécessité qui, dans la plupart des cas, semble avoir forcé les chefs à concentrer la lutte autour des villages : c'est comme à dessein et par préférence qu'on paraissait s'engager dans ce genre de combat. Est-ce un symptôme de décadence, que ce soin de se dérober derrière des murs et des haies, au lieu de se battre en rase campagne? Est-ce un progrès de la tactique, qui ne craint plus aujourd'hui ce genre d'obstacles? Ou bien, cette méthode ne tient-elle pas plutôt à ce qu'un des deux partis, méconnaissant ce qui fait sa force, se laisse induire à un jeu dangereux, où l'autre parti trouve son compte?

Cette sentence : *Si duo faciunt idem, non est idem*, ne trouve nulle part une application plus évidente et plus pratique que dans l'art de la guerre. Frédéric II avait parfaitement raison de préférer pour son excellente infanterie, les combats en rase campagne aux luttes dans les villages. Les Français, dans les premières campagnes de la Révolution, eurent au contraire raison, dans beaucoup de cas, de jeter dans les villages leurs bataillons plus nombreux qu'aguerris, et de laisser leurs adversaires s'épuiser dans les chicanes de ce genre de combat. De même, dans la journée du 2 mai, le maréchal Ney fit parfaitement bien de tenir ferme dans les quatre villages et sur le terrain qu'ils circonscrivent, regardant, avec raison, ce terrain comme un champ de bataille extrêmement avantageux pour lui. Mais les Alliés, par cela même que c'était nécessairement à leurs dépens que le terrain favorisait les Français, auraient bien fait, de leur côté, sinon d'éviter ce combat, ce qui n'était guère faisable, au moins de ne point le considérer comme la seule chose décisive. Et, à ce propos, quand on y réfléchit bien, le contraste entre l'ancienne théorie et la moderne n'est pas si grand qu'il paraît au premier abord, et des exemples puisés dans l'histoire militaire des deux époques démontreraient parfaitement que ce qui est bon et convenable aujourd'hui, l'était également alors.

Ne citons que deux faits empruntés à l'histoire de la guerre de sept-ans. A la bataille de Prague, si les Autrichiens avaient occupé le village de Potchernitz, toute l'attaque des Prussiens aurait été, sinon empêchée, du moins retardée assez longtemps pour que le général autrichien pût faire dans la position de son armée les changements qu'il jugea nécessaires. A la bataille de Leuthen, si les Prussiens, comme à Gross-Gœrschen, avaient lancé toute leur infanterie contre le village occupé par les Autrichiens, et laissé leur cavalerie regarder le combat en spectatrice oisive, ils perdaient certainement la bataille en perdant un temps précieux et en laissant aux Autrichiens le loisir de tirer parti de leur supériorité numérique ; l'histoire vanterait alors la résolution hardie du roi et le courage de ses troupes ; mais la journée n'eût pas eu, à coup sûr, le résultat que nous connaissons.

Si le maréchal Ney, au lieu de tenir quatre divisions d'infanterie concentrées dans les villages et dans le petit espace qui les sépare, s'était imaginé de les étendre en longues lignes, nous pouvons supposer sans témérité qu'il aurait essuyé une défaite. Il en aurait été de même si, guidé par une prudence trop étroite et trop timorée, il avait essayé de se replier sur Lützen : car alors il eût fait précisément ce que souhaitait l'ennemi, une fausse démarche.

Mais laissons-là ces exemples, qu'on pourrait multiplier, et voyons ce qu'aurait pu être la bataille de Gross-Gœrschen, avec une autre direction.

Nous avons déjà dit ce que nous pensions de la combinaison conçue par les Alliés pour l'attaque de l'armée française. Nous ajouterons seulement que, pour exécuter l'idée d'attaquer l'ennemi pendant sa marche de Weissenfels à Leipzig, on eût pu profiter du défilé de Zwenkau pour franchir l'Elster : de cette manière le gros des Alliés aurait marché par la rive droite du Flossgraben et serait tombé sur le flanc gauche du corps de Ney, au lieu qu'en venant de Pégau, après avoir traversé le Flossgraben, on heurta Ney de front. Cet ordre de marche aurait entraîné d'autres dispositions d'attaque et obligé peut-être l'ennemi à prendre d'autres mesures. Nous laisserons de côté l'explication des motifs qui ont pu faire préférer le passage de Pégau à celui de Zwenkau, où se trouvaient, la veille de la bataille, les corps de Winzingerode et d'York.

Jusqu'au moment où Blücher commença l'attaque de Gross-Gœrschen, il n'y a rien à dire de bien grave contre les démarches des Alliés : le mouvement des cuirassiers prussiens contre Starsiedel et l'attaque dirigée par le prince de Wurtemberg, trahissent positivement l'intention de faire agir la cavalerie utilement et avec vigueur. Mais, malgré le courage du chef et des troupes, il est évident que le succès de la cavalerie se borna à empêcher la division Girard de déboucher de Starsiedel, mais qu'elle ne fit rien pour empêcher les colonnes ennemies qui arrivaient, de secourir Ney, et qu'ainsi elle manqua à la tâche la plus importante qu'elle pût remplir.

Supposons, au lieu de cela, que la cavalerie de Winzingerode, réunie aux cuirassiers prussiens et à 6 batteries d'artillerie à cheval, ce qui formait une masse de 40 escadrons et de 48 bouches à feu, se fût avancée entre Starsiedel, Rahna et Kaja, pendant que l'infanterie de Winzingerode (division du prince de Wurtemberg) attaquait de front la division Girard à Starsiedel, et que la cavalerie russe de réserve, au lieu d'attendre derrière l'infanterie une occasion qui ne vient pas lorsqu'on ne va pas au-devant, se fût également portée en avant pour appuyer l'attaque ainsi combinée, et demandons-nous ce qui serait arrivé dans cette hypothèse? D'abord, la division Girard aurait été probablement écrasée, et les Alliés auraient eu beau jeu pour aller au-devant de la garde et du 6ᵉ corps dans la plaine qui précède Lützen, de les y attaquer dans les circonstances les plus favorables, ou du moins, si l'on trouvait cela trop hardi, de les empêcher de secourir Ney, qu'il aurait été possible de vaincre alors, en lançant contre lui toute l'infanterie prussienne, la division Berg et la garde russe.

De notre temps on a beaucoup parlé de l'absurdité et des dangers du système de cordons. Nous même, dans ces feuilles, nous nous sommes élevé plusieurs fois contre les erreurs d'un système qui, détirant outre mesure ses lignes de bataille, en fait un fil tellement mince qu'il doit se rompre partout aux premiers coups de l'ennemi. Mais le principe contraire, celui des ordres de bataille profonds, peut conduire à un inconvénient analogue par une cause différente.

Il est de la plus haute importance de soutenir par la formation en profondeur les troupes qui, placées en tête, se trouvent engagées les premières, et d'avoir toujours sous sa main un corps disponible jusqu'au moment où la lutte sera définitivement décidée. De même qu'il est bon pour une armée d'avoir des troupes légères qui soient habituées, devant l'attaque d'un ennemi trop supérieur, à céder et à reculer sans perdre contenance ni courage, de même il faut qu'elle possède un corps qui aille rarement au feu, ne s'occupant pas des bagatelles de la guerre; un corps dont le concours ne soit réclamé que dans les occasions sérieuses et décisives, mais qui, une fois qu'il donne, soit déterminé à vaincre à tout prix ou à périr, à triompher en luttant de toutes ses forces, ménagées et tenues en réserve pour les moments suprêmes, ou, s'il doit se laisser arracher la palme, à la vendre tellement cher que la postérité montre encore avec admiration et respect le lieu où une pareille troupe a combattu et succombé. Nommez ce corps bataillon sacré, immortels, prétoriens, garde, grenadiers, carabiniers, cuirassiers, le nom n'y fait rien, l'esprit seul fait tout. Mais lorsqu'une troupe d'élite, soigneusement composée et dressée pour les moments les plus graves, manque l'occasion d'accomplir les actions qui sont le but spécial de sa création et de son existence, ou bien lorsque les batailles les plus décisives se gagnent et se perdent sans qu'elle y joue un autre rôle que celui de simple spectatrice, elle ne répond point à la véritable signification de son nom : car les réserves, quel qu'en fût le nom, eurent dans les armées de tous les grands capitaines de tous les âges une tout autre destination, que de regarder les combats de loin et de juger des coups.

A Gross-Gœrschen, le but de la bataille une fois manqué, on fit bien de ne pas lancer encore contre les villages, vers le soir, l'infanterie de la garde russe. En la faisant avancer, le czar prouvait qu'il était prêt à engager toutes ses forces dans la lutte commune pour soutenir les intérêts communs : c'était un sentiment digne d'éloge. Mais la faute n'était pas de gaspiller le reste de ses forces dans une lutte désormais inutile : la faute, c'était de n'avoir fait avancer la réserve russe que quand les choses étaient à la dernière extrémité, quand elle ne pouvait plus que couvrir la retraite d'une armée vaincue, sans être capable de rien faire pour disputer la victoire à l'ennemi : la faute, c'était encore, ayant sous la main 55 escadrons d'excellente cavalerie, de ne pas s'en être servi pour autre chose que pour former dans la bataille un beau fond de tableau. Cela ne prouve-t-il pas qu'une portion essentielle et considérable des forces disponibles n'avait pas eu un emploi convenable ?

Peut-être était-il difficile qu'un général, placé à la tête d'une armée récemment combinée d'éléments divers et qui livrait sa première bataille, se signalât par un plan de bataille et une exécution qui ne laissassent rien à désirer, surtout en face de Napoléon dont le génie savait si rapidement changer la face des affaires par des mesures promptes et vigoureuses, exécutées avec intelligence et avec dévoûment par ses lieutenants.

L'auteur de l'ouvrage intitulé : « *Système de l'artillerie à cheval*, » est d'avis qu'on aurait dû faire attaquer par huit batteries à cheval l'artillerie de la garde impériale, postée sur la hauteur entre Kaja et Starsiedel, et qu'on eût pu, en exécutant cette idée avec l'énergie nécessaire, rétablir le combat. Un autre écrit, provoqué par la publication de ce livre (1), expose les difficultés qu'aurait rencontrées une pareille mesure, et s'efforce de démontrer que ce n'était plus même praticable au point où en étaient les choses. Cette question rentre trop directement dans les réflexions auxquelles nous nous sommes livré à propos de la bataille dont il s'agit, pour que nous ne nous y arrêtions pas un instant.

(1) Considérations sur le système de l'artillerie à cheval. (Berlin, 1823).

Notre intention ne saurait être de vouloir trancher une discussion entre deux artilleurs sur les points qui ne concernent et n'intéressent exclusivement que leur arme. Aussi, sans toucher à aucune question relative à l'organisation de l'artillerie à cheval, nous nous attacherons seulement à ce qui rentre dans le sujet de notre livre : nous examinerons l'emploi de l'artillerie à cheval pour soutenir la cavalerie, ou, si mieux on aime, l'emploi de la cavalerie pour achever et utiliser les succès de l'artillerie à cheval ; car peu nous importe à laquelle des deux armes on voudra assigner le premier rang. Nous ne parlons donc des deux écrits cités qu'au point de vue du fait historique qui nous occupe en ce moment et dont ils se sont également occupés.

Que l'artillerie à cheval soit formée en régiments ou non, qu'elle soit armée de pièces de 6 ou de pièces de 9, qu'elle ait telle organisation qu'on voudra, une chose est certaine et incontestable : c'est que, dans aucun cas, et pour aucune troupe de quelque arme que ce soit, il n'est avantageux et convenable de laisser l'ennemi terminer toutes ses dispositions et de ne commencer l'attaque que lorsqu'on est sûr de rencontrer la plus forte résistance et de s'exposer au plus grand danger. Si huit batteries à cheval avaient été capables de réduire au silence les 60 bouches à feu des Français, après que celles-ci se furent mises en batterie et eurent déjà fait mordre la poussière à bon nombre de Prussiens, il leur aurait été encore bien plus facile d'empêcher le déploiement de l'artillerie ennemie, et leur attaque, telle que la suppose l'auteur du « *système,* » aurait été non seulement plus facile, mais aussi plus avantageuse et plus efficace, étant dirigée contre les corps ennemis en marche. Entre faire en sorte que la garde et le 6ᵉ corps trouvassent leur position peu tenable, ou faire qu'ils ne pussent pas même s'établir dans cette position, il y a une grande différence : le second résultat eût été bien plus décisif et aurait plutôt permis aux 15,000 hommes de cavalerie des Coalisés de faire quelque chose d'important. Il nous semble que la destination de l'artillerie à cheval n'est guère de démonter et de détruire des batteries ennemies établies dans des positions avantageuses. La tactique proposée par l'auteur du « *système*, » de se porter jusqu'à 400 pas de l'ennemi, tactique tout-à-fait digne d'éloges partout où elle est mise en pratique, nous semblerait devoir produire un effet bien plus puissant si elle était employée contre des masses et des colonnes ennemies, au lieu de l'être contre des lignes de canons rangés en batterie. Il n'est pas aussi dangereux pour l'artillerie de s'approcher jusqu'à 400 pas de l'infanterie ennemie, que de se porter à la même distance d'une ligne de 60 bouches à feu. Tout soldat sait cela, une fois qu'il a pu, dans un combat sérieux, juger par ses propres yeux de l'effet des boulets et des balles. D'ailleurs, qui voudrait prétendre que l'artillerie fût particulièrement destinée à s'user dans des combats contre l'artillerie, comme si les autres armes étaient indignes de ses coups? Qui trouverait bon de n'opposer, par exemple, les chasseurs à pied qu'aux chasseurs, les cuirassiers qu'aux cuirassiers, en un mot chaque arme à des troupes de la même arme? Qui, enfin, soutiendrait qu'en règle générale la réserve ne doit donner que quand la bataille est à demi-perdue? Nous n'examinerons pas ici s'il est convenable de garder l'artillerie à cheval dans les batailles exclusivement en réserve, sans l'employer aussi aux avant-gardes, aux détachements, etc. :

car, en admettant même qu'il en fût ainsi, il ne s'en suivrait pas encore qu'on eût bien fait de ne la faire agir dans le cas donné que si tardivement. La même réflexion s'applique à la cavalerie de réserve : il y a certainement des cas où il faut qu'elle agisse dès le commencement du combat. Aucune arme ne saurait gagner réellement à voir son action restreinte à de rares circonstances, pas plus l'artillerie à cheval que la cavalerie, qui pourraient, par ce système d'isolement, attendre en vain pendant toute une campagne l'occasion de faire quelque chose sans la rencontrer, ou bien se trouver ruinées à leur première tentative. Une combinaison judicieuse et convenable des diverses armes n'ôte rien à aucune de leurs qualités et de leur force spéciales. Le point sur lequel il faut diriger les charges et les boulets, c'est celui où ils peuvent le plus sûrement amener la défaite de l'ennemi ; le moment d'attaquer est pour toutes les armes celui où l'attaque est le plus facile pour nous et le plus funeste pour l'ennemi. Qand approche l'heure décisive qui doit trancher le sort de la bataille, c'est alors qu'il faut que les réserves donnent : leur destination étant de rendre les victoires complètes, mais non de rétablir seulement des combats douteux.

Rapprochons tout ce qui a été dit de ce qui eut lieu à Gross-Gœrschen, et l'on verra que la plus grande faute consista dans l'abandon de l'idée première du plan des Coalisés, dont le principal tort fut de s'acharner à la prise de ces malheureux villages, en négligeant les mesures les plus capables d'amener la défaite de l'ennemi. Ainsi s'expliquent les termes triomphants du bulletin français qui annonçait au monde que les héroïques conscrits avaient fait reculer l'*innombrable* cavalerie des Coalisés. Cette phrase, au moins, est vraie dans un certain sens; mais quand l'illustre rédacteur du bulletin ajoute qu'une grande partie des cavaliers ennemis ont trouvé la mort sur les baïonnettes des jeunes héros, c'est là un carnage tout à fait fantastique, parce qu'il suppose ce qu'il n'y eut pas, un combat sérieux entre la cavalerie alliée et l'infanterie française.

Nous craindrions de voir prendre à notre livre les proportions d'une histoire critique de la campagne de 1813, si nous traitions avec le même détail les événements qui succédèrent à la bataille de Gross-Gœrschen. Nous passerons donc sous silence tout ce qui se fit depuis cette bataille jusqu'à celle de Bautzen ou Budissin, ainsi que cette journée elle-même, où Napoléon, quoique victorieux, ne put obtenir d'autre résultat que la retraite des Alliés en Silésie. Ce n'était plus, comme à Iéna, la déroute d'une armée frappée d'un vertige de terreur, ou, comme à Austerlitz et à Wagram, une défaite écrasante qui livrât le pays à la merci du vainqueur. La retraite des Alliés après leur échec de Bautzen, fut un modèle de bon ordre, et ce fut une de ces occasions où une cavalerie nombreuse rend indirectement des services signalés, même en combattant peu. Napoléon faisait les efforts les plus énergiques pour refaire la cavalerie française, qui, quoique plus forte à Bautzen qu'à Gross-Gœrschen, n'en était pas moins incapable de se mesurer avec celle des Coalisés. Aussi peut-on dire que ceux-ci durent en grande partie à la supériorité de leur cavalerie de pouvoir se dégager sans désastre de l'étreinte de l'armée française et opérer en si bon ordre leur retraite. Si l'Empereur avait eu à Bautzen la moitié seulement de sa cavalerie de 1812, qui pourrait affirmer que les Alliés se fussent si aisément soustraits à ses coups? Mais tout le génie, toute l'habileté, toute la puissance de Napoléon échouaient contre l'impossibilité de créer en six mois une nouvelle cavalerie, comparable en quoi que ce fût à ces bandes de vétérans que les champs de la Russie avaient vus périr de faim et de froid.

L'armée coalisée devant continuer son mouvement de retraite non pas dans la direction de l'Est, vers l'Oder, mais dans celle du Sud, du côté de Schweidnitz, il arriva, à l'endroit même où les colonnes devaient prendre vers le Sud, un moment où il fallut arrêter la poursuite de l'ennemi et lui dérober, ne fût-ce que pour 24 heures, la direction nouvelle qu'on allait prendre. Ce moment se présenta le 26 mai, près de Haynau. La nécessité suggéra aux Alliés l'idée de tenter un retour offensif contre l'ennemi qui les poursuivait; la nature des localités semblait permettre de réussir dans cette tentative par une attaque inopinée de cavalerie, et le succès justifia la confiance qu'on mit alors dans cette arme, tenue jusqu'alors au second plan.

Combat de Haynau.

(26 mai 1813.)

Depuis le voisinage de Goldberg, les rameaux des montagnes qui séparent la Silésie de la Bohême descendent vers le nord et l'est, et vont se perdre dans les plaines fertiles de la Basse-Silésie. A partir de Haynau, dans la direction de Liegnitz, le terrain forme la transition entre la contrée montueuse et la plaine complétement unie qui s'étend depuis Liegnitz jusque vers Schweidnitz et Breslau. Plusieurs ruisseaux, coulant tous de l'ouest à l'est, coupent les chemins qui mènent de Haynau à Liegnitz ; la Schnelle-Deichsel coule près de Haynau même ; à 6 kilomètres plus loin, au sud, et presque parallèlement à la Schnelle-Deichsel, coule un second ruisseau baignant une vallée tapissée de prairies où se trouvent les villages de Schellendorf, Schierau, Pohlsdorf et Pantenau, presque contigus les uns aux autres ; à 4 kilomètres plus loin coule encore un troisième ruisseau, analogue au second. Tous ces petits cours d'eau, réunis à plusieurs autres, forment le Schwarze-Wasser qui se jette dans la Katzbach près de Liegnitz. Le chemin de Haynau à Liegnitz franchit ces ruisseaux au milieu d'une plaine découverte, bordée à l'ouest par les collines que forment les derniers rameaux expirants des Sudètes. Ces collines sont en partie boisées ; en général, les petits bois sont répandus en assez grand nombre dans cette partie de la province, ce qui constitue dans la nature du terrain des alternatives bien plus fréquentes que dans la plaine presque entièrement cultivée comprise entre Breslau, Schweidnitz et Liegnitz, ou, d'un autre côté, dans les vastes forêts de la Haute-Silésie et de la rive droite de l'Oder. Il est évident qu'un pays ainsi conformé est des plus propres à dresser des embuscades à un ennemi qui marche sans précaution, et l'idée d'en profiter fait honneur à qui la conçut. Néanmoins il est certain que l'ennemi, avec l'attention et la précaution nécessaires, pouvait rendre le succès d'une surprise fort problématique ; il fallut donc que l'embuscade fût assez considérable pour pouvoir au besoin exécuter son dessein à force ouverte, sans quoi le tout dégénérait en une bagatelle digne tout au plus d'une guerre de partisans.

La droite de l'armée alliée marcha le 26 sur Liegnitz, en trois colonnes; la gauche resta près de Goldberg, jusqu'à ce que la droite eût opéré son mouvement de conversion. Ce jour-là, le général Blücher prit le commandement de l'arrière-garde. Voici quelles furent ses dispositions.

3 bataillons et 12 escadrons, formant l'arrière-garde de la droite, qui marchait sur Liegnitz, et commandés par le colonel Mutius, devaient rester devant Haynau jusqu'à l'arrivée de l'ennemi, et se replier alors sur Pohlsdorf, où ils trouvaient pour soutien la brigade du général Zieten, postée derrière le ruisseau dont nous avons parlé. 20 escadrons et 3 batteries à cheval, sous les ordres du colonel Dolfs, allèrent se poster entre les villages de Baudmannsdorf et de Schellendorf, derrière une hauteur qui les masquait et d'où ils devaient fondre sur l'ennemi lorsqu'il s'avancerait à travers la plaine contre Pohlsdorf et Panthenau. L'incendie du moulin à vent de Baudmannsdorf devait leur servir de signal. Le général Zieten fut chargé de diriger le combat.

L'armée française avait passé le Bober à la suite des Alliés; le 25 mai, Napoléon était arrivé à Bunzlau, où se trouvait aussi le maréchal Ney, qui avait le commandement des 3e, 5e et 7e corps, et poursuivait à leur tête la droite de l'armée coalisée. Le 5e corps (Lauriston) était le 25 au soir à Thomaswalde, à 5 lieues de Haynau, sur le chemin de Bunzlau. Ce corps formait l'avant-garde le 26, ayant en tête la division Maison. La distance entre leur campement de la veille et Haynau explique assez pourquoi la tête de la colonne ne déboucha de Haynau que vers 3 heures de l'après-midi. On sait d'ailleurs qu'il était d'usage dans l'armée française, lorsque rien ne pressait, de faire faire la soupe le matin et de ne se mettre en marche que vers 9 ou 10 heures.

Le général Maison hésitait, dit-on, à s'aventurer avec sa division au milieu de cette plaine, et ce fut un ordre exprès du maréchal qui le poussa au-devant de sa destinée. Quoi qu'il en soit, ce qu'il y a de certain, c'est qu'aucune patrouille française ne fut envoyée pour éclairer le chemin qui conduit à Goldberg par Uberschaar, ni aucune partie du terrain sur le flanc droit de la division, comme l'aurait commandé la prudence la plus sommaire, et sans autre motif que les règles générales relatives aux mesures de sûreté d'une troupe en marche.

La précaution, on le sait, n'est pas la vertu la plus commune chez les Français; en outre, le soldat, comme l'homme en général dans toutes les conditions possibles, oublie aisément une chose pour une autre; le brave, habitué aux succès, oublie la prudence, la néglige d'abord et finit par la mépriser comme une misère gratuite et une fatigue inutile; l'homme prudent, si l'amour des précautions le domine à l'excès, peut tomber dans un pédantisme méticuleux et pusillanime. A Haynau, les Français eurent évidemment tort de ne pas explorer un terrain qui pouvait offrir des dangers réels : que la faute doive en retomber sur Ney ou Maison, toujours est-il qu'ils oublièrent qu'ils ne pourchassaient point une armée en déroute, une multitude débandée vis-à-vis de laquelle on peut tout se permettre.

Quand la tête de la colonne ennemie eut dépassé de quelques milliers de pas le village de Michelsdorf, le signal convenu se montra du côté de Baudmannsdorf. La cavalerie placée en embuscade non loin de ce dernier village, avait à peu près une demi-lieue de terrain à franchir avant d'atteindre les Français. Dolfs forma ses 20 escadrons sur trois lignes : dans la première, la cavalerie légère de la garde et les cuirassiers de Silésie ; dans la seconde, les cuirassiers de la Prusse orientale ; dans la troisième, les gardes-du-corps et les cuirassiers de Brandebourg ; entre ces deux derniers régiments, les batteries à cheval. Il eût été à désirer que l'ennemi se fût avancé plus vite et se trouvât déjà plus éloigné de Haynau lorsque l'attaque eut lieu ; mais l'affaire une fois découverte, il ne restait plus qu'à charger sans perdre de temps ; hésiter plus longtemps, c'eût été perdre une occasion qui était encore assez belle comme elle était. Dolfs le comprit ainsi : il fit partir au grand trot les régiments placés en tête. Sans s'arrêter un instant, sans attendre l'artillerie qui n'avait pu suivre son mouvement avec la même rapidité, il fondit sur la masse d'infanterie la plus voisine à la tête de la cavalerie légère de la garde prussienne. En même temps les cuirassiers de Silésie enfoncèrent les autres masses, et les cuirassiers de la Prusse orientale, arrivés un peu plus tard, firent le tour de Michelsdorf, et tombèrent sur les troupes ennemies qui se trouvaient entre ce village et Haynau. Au moment de l'attaque, il y avait sur le terrain 8 bataillons français, 18 bouches à feu et un détachement de cavalerie. Cette dernière vida la place sans essayer de combattre; une partie de l'artillerie, ayant à la hâte ôté les avant-trains là où elle se trouvait, tira à mitraille sur les Prussiens ; l'infanterie s'entassa en quatre masses compactes. Rien ne résista à l'impétuosité du premier choc : en moins d'un quart d'heure, tout ce qui avait passé la Schnelle-Deichsel était en déroute et hors d'état de combattre. Une multitude d'hommes étaient sabrés ; 3 à 400 étaient restés prisonniers ; le reste s'enfuit en désordre du côté de Michelsdorf, poursuivi par les cuirassiers de Silésie qui, jusque dans le village, sabrèrent encore un bon nombre de fuyards, avant qu'ils pussent se mettre à l'abri dans les maisons. Quelques escadrons donnèrent la chasse à ceux qui fuyaient du côté de Haynau et les poursuivirent jusque dans les faubourgs. Toute l'artillerie fut laissée entre les mains des vainqueurs, qui néanmoins n'en purent emmener que 11 pièces, faute de chevaux d'attelage. La cavalerie du colonel Mutius, ainsi que les deux régiments de réserve, arriva à peine à temps pour prendre encore part au combat. L'artillerie prussienne, aussitôt arrivée, dirigea ses feux contre les colonnes ennemies qui, pendant ce temps, avaient passé le ruisseau au-dessus de Haynau.

Cette brillante affaire ne coûta aux Prussiens que 70 hommes morts ou blessés; mais dans ce nombre on comptait 16 officiers; Dolfs lui-même, leur digne chef, avait trouvé une mort glorieuse au milieu des rangs ennemis, au moment même de son triomphe.

La bataille de Gross-Gœrschen n'aurait-elle pas pu avoir un résultat bien plus favorable si l'on y avait fait figurer, autrement que pour mémoire, la cavalerie qui fit la journée de Haynau ?

Quelques jours après cette affaire fut signé à Peischwitz l'armistice du 4 juin, qui suspendit les hostilités jusqu'au 22 août, et marque le commencement d'une période nouvelle dans l'histoire de la campagne de 1813.

Cet armistice rappelait sur la rive droite de l'Elbe les corps de partisans et les détachements qui, depuis la retraite de l'armée coalisée après la journée de Gross-Gœrschen, avaient déjà exécuté plusieurs entreprises heureuses sur les derrières des Français.

Le capitaine Colomb, après avoir fait quelques bons coups de main, avait attaqué le 29 mai, entre Zwickau et Chemnitz, un parc d'artillerie de 24 bouches à feu et de 40 voitures. Ayant surpris la colonne en marche, il remporta le succès le plus complet, quoiqu'il n'eût sur le terrain que 83 combattants, et que l'escorte ennemie comptât environ 200 hommes, en majeure partie à cheval. Comme on ne put rien emmener, on mit hors de service les canons et les voitures. Colomb cependant, loin de s'en tenir là, méditait un coup encore plus hardi. Ayant appris d'un officier fait prisonnier qu'un grand parc d'artillerie et de munitions, expédié de Strasbourg pour l'armée, était arrivé près d'Augsbourg, il conçut le projet de se porter jusque sur le Mein par des marches nocturnes rapides, de tourner alors brusquement au sud, et de tomber sur ce parc quand il serait en marche. L'ordre de repasser l'Elbe empêcha l'exécution de cette idée qui aurait peut-être prouvé par un bel exemple, que les partisans trouvent quelquefois l'occasion de faire beaucoup avec peu de moyens.

Czernitchef, après avoir fait 30 lieues en deux jours avec 1,200 hommes de cavalerie, la plupart cosaques, enleva près de Halberstadt 14 pièces de canon, 80 caissons et fourgons, et fit près de 1,000 prisonniers.

Les autres corps de partisans, ceux de Kaissaroff, d'Emmanuel, de Lützow et de Borrisov étaient également en pleine activité lorsque l'armistice coupa court à leurs opérations. Nous passons le détail de ces expéditions, qui nous font voir seulement que les Alliés ne négligeaient point cette manière d'employer la cavalerie légère.

LIVRE SIXIÈME.

CONCLUSIONS.

En dépit de tous les systèmes des prétendus réformateurs de l'art militaire, ce qui, dans le dernier siècle, assurait les victoires, en est encore aujourd'hui la meilleure garantie. La forme extérieure, les usages, les moyens même ont subi quelques changements, il est vrai, mais les véritables éléments de succès sont restés les mêmes ; les bases essentielles de l'art de la guerre ne se sont point modifiées, et l'on ne voit pas trop à quelles modifications elles pourraient un jour être soumises, tant que le monde et les hommes resteront ce qu'ils sont depuis des milliers d'années : tant que *la force*, combinée de mille manières avec le droit ou les apparences du droit, continuera de participer au gouvernement des choses d'ici-bas.

La guerre est le domaine de *la force*, dans son expression la plus violente ; son but est de vaincre l'ennemi, d'anéantir ses moyens de combat et de résistance. Les moyens d'arriver à ce but sont d'autant plus importants qu'ils y conduisent plus sûrement et plus directement ; aussi diminuent-ils d'importance en raison de leur inefficacité sous ce point de vue. Il va sans dire que les conditions politiques et d'autres considérations d'un genre élevé atténuent l'emploi de la force, même dans l'état de guerre ; que chez les peuples chrétiens et cultivés, les droits de la religion et de l'humanité ne peuvent jamais être complètement oubliés ; qu'enfin la force est sans cesse contenue et mitigée par une foule de causes, et que nous n'entendons nullement par ce mot la seule force matérielle et brutale.

Or, pour terminer victorieusement l'état de guerre, dont la force est la loi, pour atteindre le but en vue duquel on a pris les armes, un empire a besoin d'une armée fidèle, brave, bien organisée et instruite ; cette armée a besoin de chefs intelligents, fermes et expérimentés ; ces chefs étudient les localités pour en tirer le meilleur parti possible. Les détails d'organisation, de composition, d'instruction, de tactique, sont sujets à mille variations, à mille changements ; mais l'idée fondamentale : *appliquer toutes ses forces morales et physiques à subjuguer, à détruire celles de l'ennemi*, est éternellement invariable. Jamais le détail ne pourra tenir lieu de l'ensemble ; jamais les champs de manœuvres, les bureaux, les études de cabinet ne fourniront une garantie de succès sur un champ de bataille. Cependant une constante réciprocité d'action et d'influence rend solidaires la forme et l'esprit, comme l'âme et le corps ; la bravoure et le dévouement ont besoin de l'habileté, de l'ordre, de l'intelligence, de l'instruction. La stratégie la plus savante ne saurait tenir tête à un puissant ennemi, sans l'appui d'une bonne armée ; une politique erronée ou faible mine les succès du général le plus capable ; le mal extérieur gagne peu à peu les parties internes, qu'il ronge jusqu'à tuer l'intelligence. Pour qu'une armée fasse preuve d'une vitalité active, énergique, il lui faut la santé de l'âme et du corps. Mais il est plus aisé de troubler, de gâter, de ruiner, que de créer et de conserver; ce qui explique pourquoi l'histoire militaire, comme l'histoire en général, a montré si peu de points brillants, si peu d'époques lumineuses, en comparaison de tant de longues périodes obscures et inertes où il ne se produit rien de saillant, où des deux côtés on s'épuise en luttes stériles, soutenues par une languissante médiocrité.

Ce que nous disons de la guerre en général, peut s'appliquer spécialement aussi à la cavalerie.

La cavalerie du grand Frédéric eut une part glorieuse aux victoires de ce monarque. Mais aussi celui-ci tenait de la même main le sceptre et l'épée, avantage immense sur les armées ennemies qui, malgré leur immense supériorité numérique, voyaient leurs forces paralysées par mille considérations de tout genre, par mille difficultés sans cesse renaissantes. Le roi de Prusse dirigeait les coups de sa cavalerie avec la dernière énergie, ne manquant jamais une occasion de faire sentir à l'ennemi le poids de son glaive. La cavalerie de ses adversaires, avec sa direction indécise et mal assurée, perdit plus d'une occasion d'obtenir de beaux succès, parce qu'une stratégie timide et lente, qui cherchait dans d'autres voies le secret des victoires, présidait à ses actions.

Animée par le souffle de son roi, maintenue par cette discipline sévère innée dans l'armée de Prusse, imbue du sentiment du devoir et de l'honneur à l'exemple de ses officiers, commandée par des chefs que leur siècle proclama les premiers entre tous, parfaitement montée, équipée et exercée, la cavalerie prussienne atteignit dans les premières campagnes de la guerre de Sept-Ans, un degré de perfection qui jamais depuis ne fut dépassé.

Dans la lutte contre la révolution française, la politique des cabinets, ayant vu échouer la première et faible tentative dirigée contre l'invasion de ce qu'elle appelait *le mal*, profita de la ruine de l'ancien ordre de choses en Europe, pour se livrer à d'étroits calculs et à des projets égoïstes d'agrandissement. La stratégie, de son côté, opposa à la violence du torrent révolutionnaire, dans les premières campagnes, une défensive stationnaire des provinces frontières, une sorte de système boiteux et paralytique, qualifié fort à tort d'*ancien*, mais parfaitement *neuf*, au contraire, en ce que jamais on n'en vit de plus mal approprié aux circonstances.

La cavalerie des Coalisés partagea la triste destinée qu'un pareil système fit à leurs armées. Souvent on s'en servit pour faire d'inutiles manœuvres, bien rarement pour livrer des batailles décisives. Cela dura ainsi jusqu'à ce que, dans l'épuisement où l'on s'était volontairement réduit, on se vit accablé par un ennemi dont les forces, le courage et l'intelligence avaient grandi de jour en jour. Pendant les premières campagnes, il y eut quelques beaux faits d'armes ; mais ce ne furent que des épisodes sans résultat notable pour l'ensemble des opérations, dirigées de telle sorte qu'un avantage isolé ne servait de rien, tandis qu'un échec partiel ne manquait jamais d'entraîner une série de conséquences fâcheuses.

En 1796, l'archiduc Charles ayant abandonné ce système pour décider la guerre par des victoires, au lieu de chercher le succès dans des positions et des démonstrations, la cavalerie reprit aussi quelque ascendant. Ce fut elle qui décida la bataille de Würtzbourg, qu'on eût pu rendre plus complète qu'elle ne fut.

La cavalerie française arriva sur le théâtre de la guerre, en 1792, dans un état complet de désorganisation et de ruine. Mais à mesure que l'impéritie des Alliés permit aux armées républicaines de multiplier leurs victoires, cette cavalerie se perfectionna jusqu'à ce qu'enfin, sous la direction de Napoléon, elle eût atteint une valeur supérieure, malgré plusieurs vices, dont un des plus frappants fut la prodigalité inouïe dont on y faisait profession à l'endroit du matériel. Tant que Napoléon eut à ses ordres les ressources d'une moitié du continent, on put suffire à ce prodigieux gaspillage de matériel, et si sa cavalerie laissait à désirer sur quelques points, les victoires qu'elle remportait n'en jetaient que plus d'éclat. D'ailleurs, elle avait pour elle deux choses capables de balancer bien des défauts, et que ses détracteurs les plus acharnés ne peuvent lui contester : la bravoure, cette vertu capitale de toute bonne cavalerie, existait à un rare degré chez la cavalerie française, et puis il se trouvait à sa tête des chefs qui savaient admirablement tirer parti de ce brillant courage de leurs troupes.

L'objet de la cavalerie réunie en corps plus ou moins nombreux n'est plus seulement de se mouvoir avec rapidité, comme c'est celui d'un cavalier isolé. Sa destination principale, c'est l'attaque à l'arme blanche. Il en fut ainsi sous Frédéric comme sous Napoléon, et il en sera de même dans les guerres futures. Si le cavalier a un cheval et un sabre, ce n'est pas pour menacer ou intimider l'ennemi, mais pour l'atteindre et le renverser.

Les difficultés de terrain et la puissance de l'infanterie

concentrée en masses serrées peuvent, dans beaucoup de cas, empêcher la cavalerie d'agir suivant cette destination. Elle a donc fréquemment besoin d'être soutenue par les autres armes, et souvent aussi son rôle se réduit nécessairement à seconder les autres armes dans des moments donnés ou par petites divisions. Cela s'est présenté plus d'une fois dans les anciennes guerres et n'a rien de nouveau; mais il se peut que les troupes à cheval se trouvent plus souvent dans ce cas depuis que la grande mobilité de l'infanterie permet de se battre sur toutes sortes de terrains et qu'on ne regarde plus comme condition première d'un champ de bataille d'offrir un pays découvert.

Or, les diverses situations de la guerre étant déterminées par des circonstances dont une partie échappera toujours au calcul, il faut s'arranger, en règle générale, comme si l'un et l'autre cas devaient se présenter, c'est-à-dire, destiner une partie de la cavalerie à soutenir l'infanterie, et la masse principale à exécuter des attaques pour son propre compte. Mais comme le plus souvent il est facile de se diviser selon les besoins, tandis qu'il l'est beaucoup moins de se concentrer en temps opportun, il s'en suit qu'il faut, en principe, faire le moins possible de détachements. Certainement il est telles circonstances où il ne reste plus à toute la cavalerie d'une armée d'autre parti à prendre que de jouer par petites divisions le rôle d'arme auxiliaire. Néanmoins, si souvent que de pareils cas puissent se répéter, ils ne prouveront jamais qu'un commandant de cavalerie, mis à portée d'agir autrement, ne doive pas s'empresser d'en saisir l'occasion pour charger à fond avec la dernière énergie, et reconnaître dans cette manière, conforme au vieilles règles, sa véritable destination.

Lorsqu'une chance propice offre une de ces occasions, il ne faut pas que la cavalerie, si elle veut répondre véritablement à son but, reste collée sur l'infanterie, sous peine de renoncer à une de ses principales qualités, la rapidité du mouvement. Grâce à cette rapidité, elle atteint en peu de moments les points où son attaque lui promet le résultat le plus certain et le plus efficace. Son meilleur et plus sûr soutien, en pareil cas, est l'artillerie à cheval, destinée à briser par son feu la puissance de l'ennemi que des obstacles locaux ou l'avantage d'une concentration de forces mettent pour le moment à l'abri des coups de la cavalerie. Les deux armes doivent alors concourir au même but, et l'on peut dire que, protégée et secondée par l'artillerie, devenue aujourd'hui si mobile, la cavalerie sera capable de renverser maint obstacle qui jadis l'eût arrêtée. Le feu bien dirigé de l'artillerie jette le trouble et le désordre dans la masse la plus ferme, et la rapidité de la cavalerie est plus propre que tout autre moyen à paralyser l'action de l'artillerie ennemie.

L'attaque à l'arme blanche étant l'essence de la tactique de la cavalerie, il faut absolument, pour lui permettre de rendre tous les services dont elle est capable, que la stratégie du général qui dirige son emploi soit d'une nature offensive, qu'il sache bien en toute occasion ce qu'il veut, que ce qu'il veut, il l'exécute avec énergie, qu'il ordonne lui-même à la cavalerie ce qu'elle doit faire, ou qu'elle ait un général spécialement chargé de la faire agir selon l'esprit du général en chef. Sous un commandement incertain, temporiseur, confus, sans cesse occupé à délibérer, les meilleures troupes parviendront rarement à porter des coups décisifs. Il serait téméraire de vouloir déduire de telles ou telles dispositions stratégiques la certitude infaillible de la victoire ; car les problèmes de la guerre ne peuvent se résoudre comme ceux des mathématiques, et les plus graves admettent souvent plusieurs solutions essentiellement différentes. Mais il n'en est pas moins vrai qu'à voir les dispositions prises pour certaines batailles, il n'eût pas été nécessaire d'être prophète pour prédire qu'il n'en résulterait pas grand'chose de bon.

De ce que la destination de la cavalerie est essentiellement offensive, il ne s'ensuit pas néanmoins qu'elle ne doive pas manœuvrer, et que pour faire son devoir elle n'a qu'à donner tête baissée sur l'ennemi. Nous avons voulu dire seulement que manœuvrer sans frapper, c'est viser sans tirer, que l'attaque est la fin dont la manœuvre n'est que le moyen et le préliminaire.

Existe-t-il dans l'art militaire, depuis les premières campagnes de Frédéric II jusqu'aux dernières guerres de l'Empire, une limite où l'on puisse distinguer ce qui est ancien de ce qui est nouveau, et si cette distinction peut se faire, à quelle époque faut-il fixer le passage de l'ancien système au système moderne ? Ces deux questions ont été fréquemment agitées, et nous ne voulons pas en faire le sujet d'une nouvelle dissertation. Nous admettons sans contestation que plusieurs changements se sont opérés dans l'art de la guerre depuis 1740, sans renoncer pour cela à la conviction que les principes fondamentaux de cet art n'ont jamais varié et ne varieront jamais. Examinons seulement quels peuvent être ces changements considérés au point de vue particulier de la cavalerie, et demandons-nous en quoi le siècle qui vient de s'écouler a modifié les conditions d'existence de cette arme, et en quoi elles n'ont point varié.

Si l'on prend de plus haut la question des différences entre l'ancien et le nouveau système de stratégie, on trouvera que les modifications subies par l'ancienne méthode de faire la guerre s'expliquent par celles qui sont survenues dans les idées politiques mêmes, dont la guerre est la manifestation violente. Dans les guerres de Silésie, de quoi s'agissait-il ? D'une querelle d'héritage, de la possession d'une province, d'un agrandissement de puissance en faveur du roi de Prusse ou du nouvel empereur Charles VI. De même dans la guerre de Sept-Ans, dont l'objet général était d'étouffer l'essor du royaume de Prusse, les diverses puissances alliées poursuivaient en même temps certains avantages particuliers; mais aucune ne songeait à effacer de la carte ce nouvel état. On reconnaissait certaines conditions générales de droit et de possession, que n'ébranlait aucune victoire ni aucune défaite. En 1744, Frédéric II ne songeait nullement à anéantir la monarchie autrichienne, se moquant même du maréchal de Bellisle, qui se creusait la tête pour savoir *ce qu'on ferait de la Moravie,* comme si les États de la reine de Hongrie eussent été à l'encan. Les projets les plus audacieux de la politique d'alors n'allaient qu'à faire passer sous le sceptre de la Prusse, de la Saxe, de la Bavière, en vertu de droits d'hérédité contestés, certaines portions de la succession d'Autriche. Un décret, portant que la maison de Lorraine avait cessé de régner, eût été déclaré par l'Europe entière le comble de la folie.

La guerre de 1778 fut la dernière que les puissances européennes firent dans cet esprit. Dans ce sens on a eu raison, malgré tout ce qu'avaient alors de pauvre et de petit la politique et la stratégie, de considérer cette guerre comme une époque pivotale, en deçà de laquelle tout a pris une autre allure. Depuis la Révolution française, en effet, le premier coup de canon mettait toujours en question l'existence même des puissances belligérantes; car, entre la politique révolutionnaire et celle des monarchies, il n'existait aucun principe reconnu de droit commun, aucun terrain neutre, aucune idée médiatrice. C'est par cette différence capitale que s'expliquent aisément celles que l'on remarque entre la stratégie d'autrefois et la stratégie moderne.

Dès que la politique cessait de reconnaître dans les droits établis des barrières propres à limiter ses projets, pourquoi la stratégie aurait-elle continué à respecter les obstacles qu'elle rencontrait naguère dans les droits privés? A quoi bon, en effet, entasser à grand'peine dans des magasins toutes sortes d'approvisionnements achetés, réunis, charriés à grands frais, du moment que l'on est libre de considérer comme disponible tout ce qu'on a à sa portée.

Le système des réquisitions, d'invention toute moderne, a levé bien des embarras qui jadis mettaient des entraves aux capitaines les plus entreprenants. En foulant aux pieds tous les droits les plus légitimes, on tira sans ménagement de l'intérieur les forces vives de la guerre, et de l'extérieur les ressources en équipements, subsistances, moyens de transport, etc. Les armées s'accrurent dans une proportion effrayante. Mais, la qualité des troupes ne pouvant se créer par la violence comme leur nombre, il s'ensuivit qu'on accueillit comme un progrès toute innovation tactique ou technique qui paralysait la bravoure de l'ennemi et mettait la victoire du côté des plus gros bataillons.

L'accroissement des armées, l'importance supérieure de l'artillerie, la formation de l'infanterie en colonnes et en masses compactes, sa dispersion en tirailleurs, la préférence pour les terrains accidentés et couverts où l'on voulait, en le forçant à se disloquer, ruiner un ennemi dont on redoutait la solide résistance ou les vigoureuses attaques en rase campagne, tous ces éléments nouveaux doivent leur origine aux armées françaises de la période révolutionnaire, et la nécessité de combattre celles-ci à armes égales, les a introduites dans les autres armées européennes, qui se les sont plus ou moins bien appropriées et s'en sont plus ou moins bien trouvées.

De même que le système des réquisitions a modifié les règles de la stratégie, et permet de concevoir un plan de campagne et les prodromes d'une bataille d'une tout autre manière qu'autrefois, lorsque la perte d'un magasin pouvait avoir les mêmes suites qu'une défaite, de même la nouvelle tactique de l'infanterie a modifié le combat en général. D'une part, cette arme, grâce à ses tirailleurs, peut aujourd'hui s'établir dans un terrain accidenté, et transporter ainsi l'action décisive, le pivot des batailles, sur un théâtre où elle ne rencontre que l'infanterie ennemie et réduit la cavalerie à un rôle très secondaire. D'autre part, au lieu des longues lignes qu'elle déployait autrefois quand elle se battait en rase campagne, elle se forme maintenant en masses compactes, considérées en elles-mêmes comme invincibles et qui, soutenues par l'artillerie, semblent se rire de toutes les attaques de la cavalerie, comme des réminiscences impuissantes d'une méthode qui a péri dans le cours des temps. S'il en est réellement ainsi, concevra-t-on que tous les États de l'Europe dépensent des sommes considérables pour le maintien d'une arme qui ne saurait plus être employée à rien de sérieux ? Les armées auraient bien encore besoin de quelques cavaliers pour les avant-postes, les patrouilles, le service d'estafette, etc., mais mettre à cheval le cinquième des forces totales, ce serait une prodigalité parfaitement inutile ! Napoléon, ce grand maître en stratégie, aurait pourtant bien mal compris l'art militaire de son époque, lorsqu'il considérait une bonne cavalerie comme un élément indispensable dans la composition de ses armées, et qu'il ne reculait devant aucun effort ni aucun sacrifice pour la restaurer après l'avoir perdue en Russie ! Ne ferait-on pas mieux de reconnaître tout de suite qu'il convient de ramener la cavalerie à ce qu'elle était dans les armées romaines ! Il faut donc que la supériorité absolue de l'infanterie ne soit pas aussi incontestable qu'on a bien voulu plusieurs fois le dire et le prouver ; et c'est ce que nous allons examiner.

Il en est de toute brave troupe comme de tout homme doué d'intelligence, de santé et de force : la conscience de sa valeur intrinsèque lui donne une confiance en soi, qui lui permet de tenir bon devant les obstacles, les difficultés et les périls de sa carrière. Ceux qui dispensent l'instruction aux troupes ne peuvent donc rien faire de mieux que de nourrir, d'augmenter, d'affermir ce sentiment, ni rien de pire que de le fausser, et de permettre aux hommes de douter de leurs propres forces. Assurément ce serait encore dénaturer ce principe que d'exagérer la confiance des troupes en elles-mêmes, au point de la faire tourner en folle présomption ; mais, à coup sûr, il n'est pas de moyen plus efficace d'affaiblir une troupe quelconque, que de ne lui faire sentir partout que son côté faible, et une confiance exaltée, lorsqu'elle fait naître une volonté énergique et persévérante, est infiniment moins à craindre, que la pusillanimité qui résulte de l'appréhension de telle ou telle circonstance, de tel ou tel danger, présumé plus particulièrement redoutable.

Une infanterie, à qui l'on aurait persuadé qu'il est impossible de se tenir massée avec ordre à portée du feu de l'artillerie, une pareille infanterie serait partout mûre pour la défaite. Une cavalerie qui admettrait en principe qu'elle ne saurait attaquer avec succès aucune infanterie ennemie, ne manquerait pas, en toute occasion, de fournir d'excellentes preuves à l'appui de cette opinion. On ne saurait donc laisser de pareilles idées s'accréditer dans cette arme. C'est à ses chefs à diriger la valeur de leurs troupes, à la seconder par d'habiles dispositions, à voir si, placés en face d'une entreprise très difficile, ils ne peuvent trouver quelques moyens d'en diminuer la difficulté. Lorsque ces moyens existent, on fait bien de ne pas laisser la cavalerie user ses forces et se détruire au choc de masses solides. Mais cela n'empêche pas que la cavalerie doit toujours, comme par le passé, avoir **confiance** dans la puissance de ses attaques, et y recourir bravement, lorsque des circonstances impérieuses ne laissent point d'autre choix. Ces circonstances, on en conviendra, ne sont pas rares, et dire alors à un corps de cavalerie : « Allez, chargez ; vous ne pouvez rien, il est vrai ; mais votre devoir est pourtant d'essayer ! » ce serait une assez triste manière de l'encourager à bien faire. Mais les braves qui lutteraient de toutes les forces de leur âme et de leur corps, pour vaincre ou vendre cher la victoire, ceux-là seraient imbus des vrais principes, des seuls principes immuables, dont l'application pratique peut s'être modifiée dans les détails d'exécution, mais dont le fond ne saurait varier.

Nous reconnaissons, sans difficulté, que la formation en masses a donné plus de force et de solidité à la résistance de l'infanterie. Il est en dehors de notre sujet de rechercher jusqu'à quel point cela est vrai pour les combats d'infanterie contre infanterie. Contre les attaques de cavalerie, cet ordre offre surtout un avantage : c'est que la dispersion d'une masse n'entraîne pas la défaite des masses voisines aussi facilement que cela arrivait dans ces longues lignes de l'ordre mince, où, une fois un bataillon culbuté, il fallait au bataillon voisin, pour résister encore, une solidité et une habitude d'ordre que l'on semble s'accorder à ne pas exiger de l'infanterie actuelle. Il s'en suit que la cavalerie ne peut plus compter sur les mêmes succès avec les mêmes moyens, bien entendu qu'elle ait affaire à une troupe d'une qualité réelle : car on comprendra, sans peine, que nulle masse ne résiste à une attaque vigoureuse, si elle n'est douée de l'esprit de discipline et d'ordre.

D'importantes modifications ont été introduites également dans ce qui concerne l'artillerie.

L'augmentation de l'artillerie a peu de rapport avec notre sujet. C'est, du reste, un point qui prête à la controverse, du moins quant aux derniers cent ans qui viennent de s'écouler (1). Il n'est pas non plus de notre ressort d'examiner si l'artillerie fut mieux employée, en général, dans les guerres de la période révolutionnaire que dans celles qui l'avaient précédée depuis 1740. Mais la création et le perfectionnement de l'artillerie à cheval et de l'artillerie montée est, à notre point de vue, un sujet de réflexion trop important pour que nous ne nous y arrêtions pas.

Il est hors de doute que l'artillerie, grâce à la mobilité qu'on a su donner à cette arme, est arrivée pour l'offensive à un degré d'importance et de puissance que son état antérieur ne lui permettait pas d'atteindre. L'ennemi pouvait toujours se mettre hors de sa portée et en paralyser ainsi l'effet ; mais aujourd'hui cela n'est plus possible : le poids des machines a diminué, la mobilité s'en est accrue, et une bonne artillerie légère peut atteindre un ennemi en fuite, ou se porter au devant d'une attaque, avec une telle rapidité qu'il n'y a plus aucun moyen d'éviter ses boulets.

Ce changement capital a eu pour résultat de faire par-

---

(1) Dans la guerre de Sept-ans, par exemple, le nombre des pièces était proportionnellement aussi grand que dans les guerres les plus récentes. La proportion de 3 bouches à feu par 1000 hommes a même été plusieurs fois dépassée. A Leuthen, par exemple, Frédéric II avait 33 à 34,000 hommes et 167 bouches à feu, ce qui fait 5 pièces par 1,000 hommes.

ticiper l'artillerie à une des qualités essentielles de la cavalerie, la rapidité des mouvements, de sorte qu'il n'est plus besoin de circonstances exceptionnelles pour faire concourir à un même but l'action de ces deux armes, jadis si différentes. La cavalerie gagne incontestablement beaucoup à l'adjonction de ce formidable auxiliaire, et si jusqu'à présent elle n'en a pas encore tiré tous les avantages qu'il peut lui procurer, c'est qu'il ne s'est pas encore rencontré un homme qui, appliquant habilement la combinaison de ces deux armes, ait su s'en faire une arme terrible (1). Une division de cavalerie, secondée par une batterie à cheval, ne saurait être indifférente à la meilleure infanterie, avec quelque confiance et quelque sang-froid que celle-ci attende la charge. Les conditions peuvent même s'intervertir complétement : car si la cavalerie, opposée seule à cette infanterie, n'a que des pertes à craindre et point de succès à espérer, l'artillerie, en se déployant à un millier de pas de l'ennemi, ne risque à peu près rien, tandis que l'infanterie ne peut pas ne pas tenir compte du feu des pièces. Cet avantage sera bien plus marqué encore si l'artillerie ose se porter hardiment à cinq cents pas de l'ennemi : car à cette distance, quelque bonnes que fussent les troupes, la mitraille de quelques pièces suffirait pour anéantir tout bataillon en colonne. Ce que l'infan-

---

(1) Napoléon, dans son système, admettait cette combinaison en principe, comme le prouvent les paroles suivantes : « *Depuis la création de l'artillerie à cheval, la cavalerie a aussi ses batteries, l'artillerie est plus nécessaire à la cavalerie qu'à l'infanterie même, soit qu'elle attaque, soit qu'elle reste en position, soit qu'elle se rallie.* » (Voy. *Mémoires*.)

terie, ainsi attaquée, aurait de mieux à faire, serait de se porter en avant et d'attaquer l'artillerie. Si elle le fait par des tirailleurs, la cavalerie les balaiera, et personne ne lui en a, jusqu'à ce jour, contesté le pouvoir. Si l'infanterie s'avance en masse, tout ce qu'elle obtiendra, sera de faire reculer l'artillerie qui, mille pas plus loin, recommencera le même jeu. Tout le monde sait, d'ailleurs, que ce n'est pas une manœuvre de tous les jours que d'attaquer en colonne serrée des batteries bien servies et protégées par de la cavalerie : les exemples du moins en sont rares en tout temps. Il est bien vrai que, dans les campagnes de la Révolution et de l'Empire, d'innombrables canons ont été pris ; mais on compterait certainement sans peine ceux qui, faisant feu jusqu'au dernier instant, ont été, à proprement parler, *enlevés*. Un brave artilleur a raison de ne point admettre ce cas, et d'opposer à toute disposition d'attaque sa ferme résolution de tenir bon jusqu'au dernier homme et jusqu'à sa dernière boîte à mitraille.

Laissant donc de côté cette discussion oiseuse et inutile, touchant la supériorité de telle arme sur telle autre, et résumant ce que nous avons voulu démontrer dans les pages précédentes, nous dirons :

Que la cavalerie, eu égard aux modifications survenues dans la tactique générale et dans la marche des combats, doit aussi modifier la forme de ses attaques.

Que, pour lutter contre la puissance que l'infanterie doit à l'ordre concentré, la cavalerie doit, ou faire de plus grands efforts, ou appeler à son aide un moyen qui ôte à l'infanterie l'avantage de la masse, et change même ce mode de formation en un désavantage évident;

Que ce moyen est trouvé par la combinaison de l'artillerie à cheval avec la cavalerie ;

Qu'enfin, par l'emploi opportun et énergique de ce moyen, la cavalerie peut se donner des avantages considérables, dont elle ne jouissait pas autrefois.

On peut donc parfaitement admettre que, dans la règle commune, les batailles ne se décident point par des charges de cavalerie, parce que le terrain empêche souvent cette arme d'agir d'une manière efficace, et que l'infanterie, par la concentration en masse, peut acquérir une telle consistance que pour l'attaquer avec succès, il faut une supériorité de valeur dont les troupes les plus éprouvées sont à peine douées. Mais cela n'empêche pas que l'objet de la cavalerie ne soit l'attaque à l'arme blanche, et que le concours de l'artillerie à cheval ne puisse lui fournir des occasions où la supériorité de l'infanterie ennemie s'efface, quelque incontestée qu'elle soit en thèse générale. Ces occasions peuvent se résumer en quelques moments rapides ; mais elles n'en existent pas moins, et ç'a été de tout temps la tâche des chefs de cavalerie de les saisir et de savoir en profiter. On peut même dire que l'artillerie légère d'aujourd'hui a bien moins de peine à faire naître de tels moments, que n'en avait jadis la plus intrépide cavalerie.

Quelques mots encore sur une différence entre la tactique d'aujourd'hui et celle d'autrefois, relativement aux combats entre infanterie et cavalerie : différence qui, au fond, prouve une fois de plus que les vrais principes sont invariables.

Ce serait, nous l'avons déjà dit, une dispute oiseuse que d'examiner s'il faut plus de bravoure au fantassin ou au cavalier; mais la manifestation de ce courage à l'attaque et à la défense montre une différence digne de remarque et d'une utilité réelle et pratique.

Lorsqu'un corps d'infanterie marche à l'attaque, et que, l'impulsion des forces physiques et morales se ralentissant, le mouvement vient à s'arrêter, la troupe engage un combat de pied ferme. Elle a recours aux feux, et ses chefs, tout en ne réalisant point leur intention première, n'ont pas encore besoin de renoncer à l'espoir du succès. Entre la fuite et la victoire il reste un état intermédiaire, qui, souvent, est aussi celui de l'ennemi; de cette situation l'un ou l'autre parti peut encore passer à une victoire définitive, qu'on s'assure souvent par la simple persévérance. Pour une attaque de cavalerie, c'est tout autre chose. Laisser un régiment de cavalerie stationnaire sous le feu d'un corps d'infanterie, reconnu trop fort pour être chargé avec succès, ce ne serait plus une persévérance louable; ce serait une insigne folie propre à ruiner totalement la cavalerie, sans nuire le moins du monde à l'ennemi : car on ne peut riposter à une fusillade par des coups de mousqueton ou de pistolet. Tout cavalier, tout homme même qui a quelque notion de la nature et de l'effet de nos armes, concevra cela sans peine et sans grands calculs. La cavalerie doit vaincre rapidement ou céder, et de tout temps sa devise fut : *cito parare victoriam*, *cito cedere*. Dès qu'il n'a plus pour lui la puissance de l'impulsion et du choc, le cheval n'est plus qu'un embarras et un obstacle, et l'homme est plus fort debout sur ses propres pieds, qu'assis sur sa monture immobile.

Une troupe à cheval chargeant de front une ligne d'infanterie, il arrive, ou qu'elle la culbute, ou qu'elle tourne bride, après avoir échoué dans son attaque. Un troisième parti, celui de s'arrêter devant l'ennemi, sera suivi par peu de gens qui ne sauraient, en tout cas, y persévérer longtemps. Les braves poussent en avant; les timides restent en arrière; les lâches tournent le dos et se sauvent, et l'attaque est plus ou moins vigoureuse, suivant que l'un ou l'autre de ces éléments l'emporte. Quant au résultat, il dépend des deux adversaires, la puissance des forces morales ne tombant pas dans le domaine des calculs mécaniques. L'infanterie, même sur trois rangs seulement, peut décider du succès par la vigueur de sa résistance; la cavalerie, par l'impétuosité de son attaque : l'histoire fournit maints exemples des deux genres.

Mais quand l'infanterie, au lieu de former de longues lignes sans profondeur, se masse en colonnes serrées par bataillons, la chose change de face. A part la difficulté de pénétrer par l'impulsion du cheval dans un pareil fourré d'hommes et de l'éclaircir à coups de sabre; à part l'effet de l'artillerie, qui fait alors le meilleur de la besogne et trouve dans ces masses mêmes, si imposantes pour le cavalier, un but superbe pour ses boulets et sa mitraille, il se présente dans cet état de choses une circonstance nouvelle, qui paraît aux yeux de bien des cavaliers comme un avantage, mais qui n'en devient que plus désastreuse. Devant une ligne il n'y a point d'intermédiaire entre la retraite et le succès; devant une infanterie massée il s'offre une sorte de moyen terme, une espèce de transaction entre la victoire et la fuite; c'est la faculté de passer dans les intervalles des colonnes.

Un corps de cavaliers s'ébranle pour charger; l'infanterie ennemie, serrant ses rangs, croise la baïonnette et attend le choc. La cavalerie, au lieu de franchir au grand galop de ses chevaux les derniers cent pas, ralentit son mouvement. Pourtant le moment presse : il faut ou se précipiter sur ces baïonnettes hérissées, ou tourner bride; le premier parti demande plus de résolution que la troupe n'en montre; le second est lâche et honteux. Alors se présente ce moyen-terme bâtard que nous venons de signaler : les cavaliers, appuyant à droite ou à gauche, filent à côté de la masse. Mais loin d'échapper au danger, ils perdent cinq ou six fois plus de monde qu'ils n'en auraient perdu en fondant sur l'ennemi tête baissée : la crise est bien plus longue : les balles de l'infanterie tuent, quand les baïonnettes n'auraient fait que des blessures : les ennemis qu'on eût pu abattre dans la mêlée, restent tous en activité. La cavalerie erre autour de cette masse qu'elle n'a pas osé entamer, et le fantassin le plus timide reprend du cœur en voyant le centaure si redouté tourner autour de lui sans lui faire de mal. Les plus braves cavaliers conçoivent alors qu'on ne peut vaincre ainsi ; quelques natures généreuses veulent réparer le mal et pénètrent isolément dans les rangs ennemis ; mais leurs efforts sont stériles, faute de soutien et de cette énergie que donne l'ensemble ; ils tombent morts ou blessés, la troupe perd toute contenance et son attaque finit par une retraite qui lui coûte infiniment plus que la charge la plus meurtrière.

Pour remédier à ce mal, dont la cavalerie n'a que trop souvent été victime dans les batailles des guerres modernes, il n'y a qu'une seule ressource. C'est de bien pénétrer les hommes de cette idée qu'en passant à côté des masses au lieu de s'y précipiter franchement, ils n'évitent ni le péril, ni la honte. Si une masse ennemie est regardée comme trop solide, un chef peut avoir raison de l'entamer avec le boulet avant de l'attaquer par le sabre ; mais une fois que la lame a quitté le fourreau, une fois que le commandement « en avant ! » a retenti, il n'y a plus qu'un chemin pour arriver à la victoire : c'est de donner vaillamment dans le plus gros de l'ennemi. Le soldat n'a qu'une vie à perdre, et à cinquante pas de distance les balles peuvent la lui ôter aussi facilement que les baïonnettes à un pied. En outre, cette formidable rangée de fer si menaçante ne l'est souvent que de loin, comme un fantôme effrayant, et se change en un chaos informe si l'on marche hardiment dessus (1). Dans de pareilles circonstances, aujourd'hui comme toujours, tout dépend de la puissance de

(1) On pourrait citer bien des exemples, où la cavalerie a tourné bride devant des masses d'infanterie, ou a éprouvé des pertes immenses en voulant passer à côté ; mais on en trouverait peu, où une bonne cavalerie, après avoir enfoncé une masse avec l'ordre et l'énergie nécessaires, eût péri sous les baïonnettes. Dans la mêlée, le cavalier, ne fût-ce que par la vigueur et la puissance de son cheval, a un avantage marqué sur plusieurs fantassins. Des chevaux ombrageux, des cavaliers effrayés l'ont prouvé plus d'une fois à leur honte, et mainte troupe à cheval se fût couverte de gloire, si elle avait chargé l'ennemi avec la même impétuosité qu'elle mettait à culbuter dans sa fuite tout ce qu'elle rencontrait sur son chemin.

volonté, de la bravoure et de la solidité des troupes. Les chefs doivent compter principalement sur l'enthousiasme entraînant qu'enfante l'exemple ; il ne faut pas qu'à voir agir les officiers, le soldat puisse croire un seul instant que l'attaque n'est pas sérieuse; et suivant qu'il accomplit son devoir, il doit trouver récompense et gloire, ou honte et châtiment. Aucune instruction, aucun examen, aucune étude, aucune manœuvre, aucun exercice destiné à préparer les troupes pendant la paix, ne peut valoir le soin qu'on mettra à entretenir, à développer chez elles les vieilles idées de bravoure militaire. Ces idées s'éteindraient complétement chez le cavalier, s'il entendait rabâcher sans cesse l'infériorité, l'impuissance de son arme : il finirait par s'imaginer que c'est une folie, que c'est une faute contre la tactique moderne, d'aller se casser la tête contre un ennemi inébranlable. Des choses fort ordinaires deviendraient à ses yeux des traits d'héroïsme, et, quant aux faits d'armes véritablement glorieux, il les reléguerait au rang des fables impossibles.

L'ordre, l'habileté, le tact, l'intelligence sont des éléments essentiels de l'art de combattre et de vaincre, pour le chef surtout ; mais pour la troupe, la bravoure est l'élément décisif, et il y a mainte situation où c'est le seul sur lequel on puisse et doive compter.

C'est au chef qu'il appartient d'avoir égard aux difficultés et aux facilités d'exécution ; mais une fois sa détermination formulée en un *ordre,* la troupe doit mettre de côté toute considération étrangère à son but. Sans cette abnégation totale, fruit d'une résolution vigoureuse, il n'y a nulle part ni jamais de beaux faits d'armes ; nul art, nulle disposition, nulle institution ne peut en tenir lieu ;

et dans aucune circonstance elle n'est plus indispensable, plus essentielle, qu'au moment de l'attaque. Jamais Arnold de Winkelried, ni à pied, ni à cheval n'aurait trouvé un chemin à travers les lances ennemies, s'il avait attendu que la tactique lui frayât une voie commode ; jamais la glorieuse cavalerie de Frédéric n'eût remporté ses victoires sans cette bravoure habituée à ne tenir compte de rien, que le roi en exigeait, et qui devint en quelque sorte sa nature, dès qu'elle en eût vu les excellents résultats.

Disons donc que l'histoire, tout en proclamant d'immuables principes, en modifie l'application dans le cours des temps ; que la guerre également, sur un fond invariable, subit des variations de forme et de manière, suivant l'esprit ou les usages de chaque époque ; mais que, dans la tactique du cavalier, comme en toute autre partie de l'art militaire, nous devons nous efforcer d'allier aux anciens principes éternellement vrais, les procédés nouveaux enfantés par des circonstances nouvelles.

FIN DU TOME SECOND ET DERNIER.

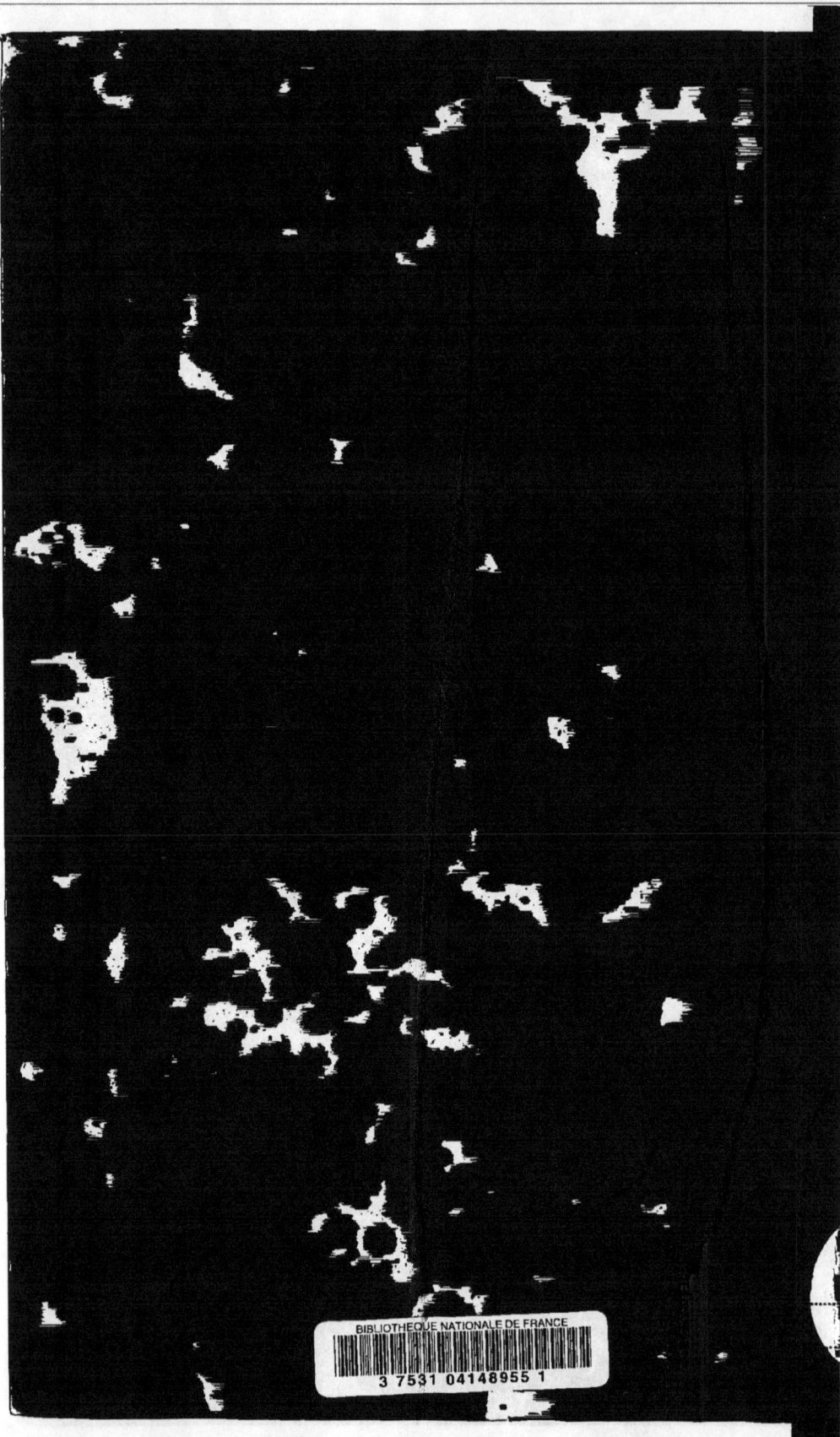

www.ingramcontent.com/pod-product-compliance
Lightning Source LLC
Chambersburg PA
CBHW060125170426
43198CB00010B/1041